# EL PODER DE LA MOTIVACIÓN

Vivir inspirado en tiempos de cambio

María Martínez Olivares

Todos los derechos reservados.

Copyright © 2013 María Martínez Olivares

ISBN: 9788461762767

Depósito legal : SS-202-2019

Página Web de la autora:

http://maria-martinez-olivares.blogspot.com

*A todos mis seres queridos por haber creído en mi y animarme siempre a escribir.*

*Con mucho cariño a todos los que siempre estáis apoyándome en mi carrera de escritora, vosotros: los lectores de mis novelas y libros, por vuestra maravillosa acogida y magníficos comentarios.*

MARÍA MARTINEZ OLIVARES

EL PODER DE LA MOTIVACIÓN

# ÍNDICE

PRÓLOGO — 1

### PARTE I: LA MOTIVACIÓN

1. Olvida tu drama personal — 5
2. El Pensamiento negativo — 9
3. ¿Cuál es tu vision del pasado? — 20
4. Tener confianza en ti mismo — 32
5. Aceptar tu situación actual para transformarla — 41
6. Salir de la zona de confort — 48
7. Autodisciplina y perseverancia — 61

### PARTE II: EL CAMBIO

8. ¿Qué es el poder de la anticipación? — 66
9. El paradigma — 71
10. Para anticipar, aprende bien el proceso — 74
11. El fin de la era industrial — 77

**PARTE III: LA CREATIVIDAD**

| | | |
|---|---|---|
| 12 | Qué es la creatividad | 90 |
| 13 | El derecho al error | 100 |
| 14 | La creatividad: convirtiendo tus sueños en realidad | 106 |
| 15 | El pensamiento negativo de los demás | 112 |
| 16 | Anticipar: cómo manifestar lo mejor para tu vida | 117 |
| 17 | El arte es ver | 126 |
| 18 | El verdadero poder personal | 130 |
| | Acerca de la autora | 137 |
| | Libros publicados | 139 |

# PRÓLOGO

Este es un libro motivador. Un libro que te ayudará a creer en ti mismo y avanzar. Todos tenemos el poder de crear dentro de nosotros, despierta este poder en ti y descubre tu inmenso potencial.

Desaprende lo que te enseñaron en la escuela y en tu entorno y pon en marcha el mecanismo de tu creatividad.

El poder de la anticipación te hará triunfar, destacar y vivir una vida mejor en un mundo cambiante. Se trata de descubrir lo que ya hay en ti. Piensa como el ser único y libre que eres y atrévete a cambiar lo que sea necesario para tu bienestar.

Para conseguir este estado creativo necesitas algunos ingredientes que vamos a ir descubriendo poco a poco.

Estos ingredientes están conectados entre si y tienen un efecto multiplicador dentro de ti. El único objetivo en todo esto es vivir libremente.

El libro esta dividido en tres partes:

**La motivación:** que te dará el impulso y la confianza para creer en ti.

**El cambio:** que con la ayuda de la motivación pondrá en marcha las transformaciones necesarias para que tengas el entorno adecuado para crear.

**La creatividad:** cómo descubrir la libertad del pensamiento ilimitado dentro de ti y la expresión de tu poder creativo para alcanzar el máximo de tu desarrollo personal.

La motivación

Para comunicar tu creatividad necesitas motivación, pero la motivación no viene del aire sino que tiene que estar asentada sobre buenos cimientos, como la confianza en ti mismo.

Muchos piensan que algunas personas tienen la suerte de haber nacido con confianza y con fe, pero yo pienso que la suerte es provocar la oportunidad y que la confianza y la fe se pueden aprender.

La motivación es el combustible que te hará avanzar en la carretera de la vida, pero antes tienes que limpiar el motor y ponerle aceite nuevo.

Estoy hablando de tomar la

responsabilidad, no se puede tener confianza en ti mismo si no tomas la responsabilidad por todo lo que acontece en tu vida.

### El camino hacia la creatividad

Es realmente un camino hacia tu libertad personal que conlleva unos pasos bien definidos:

- Tomar la responsabilidad.
- Tener confianza en ti mismo.
- Provocar en ti la motivación.
- Despertar la inspiración.
- Desarrollar toda tu creatividad.

### Manifestar tu creatividad en la vida cotidiana

Ser creativo no tiene nada que ver con ser excéntrico o bohemio, se trata de que tenemos que adaptarnos al nuevo modelo de sociedad que esta saliendo de la era industrial.

Ya no sirven los antiguos paradigmas

que han estado creando seres humanos homogéneos para cumplir tareas rutinarias. La idea de que los mejores en la escuela se llevan los mejores puestos de trabajo ha quedado atrás.

No esperes el contrato de tu vida, sencillamente no existe, ahora eliges tú, es por ello que te animo a creer en ti y contribuir con lo más hermoso de ti mismo a este mundo.

Hoy salir adelante no es para los mejores, ni para los más inteligentes, sino para los que se atreven a profundizar en sus sueños y manifestarlos a la luz del día.

Vivir la vida que mereces esta ahora a tu alcance, más que nunca. Estamos en un momento clave de la historia en donde tenemos recursos ilimitados a nuestra disposición.

Jamás fue tan fácil crear una empresa propia, viajar, escribir un libro, comunicarse, o vivir tu vida libremente como lo es hoy día. En verdad no hay límites, sólo tenemos que aprovechar la oportunidad.

# PARTE I: La Motivación

## 1 OLVIDA TU DRAMA PERSONAL

Nuestra vida es una aventura, en ella vivimos episodios difíciles y a veces dramáticos y hasta a veces injustos.

Nuestra vida no es comparable a la de otros, pero a todos nos llegan episodios felices y desdichados por igual.

Algunas personas nos parecen más felices o afortunadas que nosotros porque siempre sonríen, o porque siempre parece que les va bien.

Y por tanto todos estamos expuestos a las mismas circunstancias felices y desgraciadas.

¿Cuál es pues, la diferencia?

La diferencia es el punto de enfoque y la manera de ver las cosas. Mientras unos se miran el ombligo todo el tiempo en acto de auto contemplación pura, otros miran hacia adelante y ven con el corazón las maravillosas oportunidades que van a aprovechar.

*"El desperdicio más grande que puede cometer el ser humano es caer en la estupidez de la auto contemplación."*
Palabras de Don Juan, según Carlos Castaneda.

A fin de cuentas quejarse se convierte en un acto automático que se dispara de forma subconsciente. Es simplemente una costumbre.
¿Cómo dejar de quejarse continuamente?
Veamos este proceso en tres pasos:

1. Detectar que lo que estas pensando es una queja o una crítica.

¿Qué efecto produce en ti? Es algo como la gravedad que tira de ti hacia abajo.
Por ello tienes que monitorizar tus

pensamientos, verlos pasar como un espectador en el cine y detectar todo lo que te produce emociones negativas.

2. Reemplazar una queja por un pensamiento positivo.

Una vez que hayas detectado todo lo que te tira para abajo, tienes que operar: se trata de hacer un pequeño trasplante.

Ten preparada una lista de "órganos sanos" para intervenir, por ejemplo:
- La primera vez que tuviste a tu bebé en tus brazos y que le viste el rostro.
- El momento en que viste la playa más bonita de tu vida.
- Los grandes logros que has conseguido hasta ahora.

3. Enfoca en el nuevo pensamiento positivo

Y ahora debes quedarte ahí, alimentando tu nuevo pensamiento con emociones positivas que lo van a amplificar.

Porque el pensamiento solo no

basta.

Veamos la siguiente ecuación:
**Manifestación = Pensamiento + Emoción**

Si fallas y te encuentras negativo de nuevo, no te preocupes y vuelve al punto uno.

Recuerda: estas en el camino de la transformación, el camino del guerrero, y en plena lucha contra viejos enemigos, así que es normal tener algunas pequeñas derrotas, pero con voluntad la victoria será tuya al final.

Es la única salida posible.

## 2 EL PENSAMIENTO NEGATIVO

La crítica negativa

Cuando estás negativo piensas que tienes la razón en todo, el mundo entero esta contra ti y nadie sabe hacer bien las cosas excepto tú. Es una crítica constante a todo lo que te rodea, lo que algunos llaman murmurar.

El pensamiento negativo es una costumbre que se retroalimenta de más pensamiento negativo.

Es posible que el hábito de pensar negativamente sea algo muy difícil de erradicar pero, ¿por qué algo contra lo que nos rebelamos y luchamos con ahínco se engrandece aún más?

Es como querer castigar a un niño

hiperactivo obligándole a quedarse quieto sentado en una silla.

Cuando se levante estará aun más hiperactivo que antes, ¡será incontrolable!

¿No será mejor observarle, proporcionarle la actividad adecuada y esperar a que se canse?

¿Soy una persona negativa?

Tal vez el paso más importante para vencer la negatividad sea desconectarla de tu propia identidad. El error esta en creer que toda esa secuencia de ideas negativas que te pasan por la cabeza eres tú mismo, pero en realidad esto no viene de ti y de tu profundo ser interior, simplemente le has abierto la puerta en un momento dado.

Tal vez sea mejor admitir: "Sé que soy responsable de mis pensamientos, pero no sé como parar de pensar cosas negativas con tanta frecuencia."

Es como ir al cine: te sientas delante de la pantalla y ves pasar las escenas una tras la otra; sufres con los dramas y ríes con las comedias, ¡pero el film NO ERES TU!

Así es el taller de la mente y venimos

aquí para aprender como separar ese "ruido" constante de nuestra verdadera consciencia, de nuestro verdadero yo.

La trampa

Si alguien que está acostumbrado a comer dulces interrumpe bruscamente este tipo de alimento, su cuerpo lo recordará y le pedirá más, tendrá el síndrome de abstinencia y se sentirá mal hasta que se acostumbre a una nueva dieta más sana.

De la misma manera acondicionamos nuestra mente: se convierte simplemente en una costumbre.

Las experiencias negativas causan más pensamientos negativos y los pensamientos negativos atraen más experiencias negativas, (woohaaaa!)

La televisión nos está robando los sueños

La televisión es una fábrica de seres sumisos y pasivos, fácilmente manipulables por toda la diarrea de información y estupideces que emite constantemente.

Sólo muy de cuando en cuando ponen un programa de verdadero interés o comunican cosas positivas. La televisión es el nuevo opio del pueblo.

Trata de cambiar la televisión por una actividad que te llene más de vida. El hecho de quedarse sentando todas las tardes delante de la pantalla sin más aspiración que la de "evadirse", atrofia los músculos de nuestra imaginación.

Mientras estás viendo el programa de la noche te está robando los sueños que podrías soñar, porque tu mente está viviendo una historia inventada por otro, en el tiempo en que tendrías que estar viviendo la tuya propia.

Recuerda que la creatividad comienza por la imaginación. Una cosa es relajarse y ver alguna emisión que te interese o alguna película, pero si se trata de varias horas al día todos los días, es un hábito que podría definirse como una adicción.

Si ves mucho la televisión trata de reducir ese tiempo y cambiarlo por actividades que te gusten de verdad. Para crear tienes que entrar en la sala de soñar y ahí solo se puede entrar jugando, algo difícil si dejas que la pantalla lo imagine todo por ti.

La imaginación te sirve para trascender el mundo real, para ir más allá de tus límites personales y descubrir tu potencial. Piensa en posibilidades y no digas: "No se puede, eso es imposible".

Sé el dueño de tus propios sueños, no permitas que te los robe la televisión.

La televisión deforma la realidad y tu percepción del mundo.

Otro de los grandes defectos de la televisión es la capacidad que tiene de transformar la realidad y nuestra visión del mundo. Fíjate: ¿cuantas agresiones has visto en la vida cotidiana? Posiblemente hayas visto una agresión alguna vez, un robo o una pelea. Y ¿cuántas agresiones ves en la televisión? En la televisión puedes ver cientos de agresiones en un solo día; en los informativos, películas y programas. ¿Piensas que el mundo es tan malo como lo pinta la televisión? Entonces habrá conseguido el objetivo de aislarte y llenarte de miedo para que no te atrevas a salir a colaborar con gente, a cambiar y a pensar por ti mismo.

Piensa en todas las catástrofes y desgracias de todo tipo que se ven en los informativos y es porque prefieren siempre proyectar las malas noticias. Es una verdadera fábrica de pensamientos negativos que han decidido que veas en prioridad, antes que todas las buenas noticias que hay y las cosas maravillosas que hay en nuestro mundo. Todo es porque el escándalo y la desgracia venden más y porque así crean el juego de que te sientas tranquilo y feliz simplemente porque hay gente que está peor que tú.

Es justamente una invitación a alegrarse de la miseria de los demás, ¿te das cuenta?

Basar tu felicidad en el hecho de que tú estás bien porque el mundo va peor, sentir que estás satisfecho y tranquilo con tu existencia porque estás viendo a otros que están peor que tú ¿te complace?

## Salir del pensamiento negativo

Luchar contra el pensamiento negativo mientras nos identificamos con él, es una batalla perdida. Es mejor dejar de luchar completamente y aceptarlo en lugar de resistirlo. Es mejor reconocer y aceptar esos pensamientos.

Para permitir que se produzca una elevación de la consciencia hay que trascenderlo, que quiere decir simplemente aceptarlo e ir más allá, avanzar.

Salir del pensamiento negativo, como de cualquier otra batalla humana, implica abandonar toda la culpabilidad y aceptar toda la responsabilidad.

Quejarse es negar que tú eres responsable y la única salida es aceptar el 100% de responsabilidad.

La negatividad no es una situación permanente, puedes salir de ella si así lo decides tú.

Veamos algunos ejemplos de como aceptar la responsabilidad al 100%:
- Si tu jefe es un estúpido que no sabe hacer las cosas, sal y hazlo mejor tú mismo.

- Si comes de más y engordas porque las cosas no van bien con tu pareja, muévete y haz lo necesario para cambiar las cosas tú.
- Si quieres algo, haz lo necesario para conseguirlo tú.
- Si quieres que un cierto tipo de personas forme parte de tu vida, debes atraerlas e invitarlas a que se acerquen a ti.
- Si hay un problema en el mundo que te agravia, ¿qué estás haciendo tú para remediarlo? No los políticos, ni los indignados u otros tragaldabas de turno.

Ya he superado el pensamiento negativo, ¿y ahora qué hago?

Pues justamente lo que has estado haciendo hasta ahora: activar tu consciencia creativa y vivir en el universo que eres capaz de imaginar (en palabras de Ami, el niño de las estrellas.)

La creatividad conlleva una responsabilidad extraordinaria y es lo mejor de nuestra vida humana. A fin de cuentas todo lo bueno que ya hay en tu vida lo has creado tú, ¿eh? ¡Bien hecho!

¿Por qué tenemos pensamientos negativos?

El pensamiento negativo no viene a ti por casualidad, tiene un mensaje que debes escuchar de cómo la situación debería ser mejor. En él lleva la clave para ver que es lo que debes cambiar en vías de transformar tu escenario actual en una situación mejor.

El pensamiento negativo es tu maestro, por lo que antes de tratar de "amputarlo" o eliminarlo tienes que descubrir cuales son las raíces de este pensamiento negativo y reflexionar profundamente para descubrir las causas de por qué está ahí.

Por lo general una situación difícil se nos presenta como una oportunidad de descubrir algo que no hemos visto antes en nosotros y que debemos cambiar.

Supongamos que trabajas con un jefe intolerante o que no te escucha y esto produce situaciones difíciles de manejar.

¿Por qué esta persona no se lleva bien contigo? ¿Qué parte de tu personalidad está afectando?

Tal vez sea alguien que no escucha tus ideas y puede que en parte esto se deba a una falta de confianza en ti mismo, o simplemente que has escogido una vía para ti que no es la mejor y debieras procurarte un escenario más adaptado al poder que quieres expresar.

Si tuvieras que expresar tus ideas y convencer a los demás, ¿Cómo lo harías?

No se puede salir de clase antes de que suene la campana. Una vez que hayas aprendido a presentar tus ideas de la mejor manera posible ya puedes pasar de curso, aunque el jefe no te escuche, el resultado es lo de menos pues lo más importante es que estás listo para saltar.

Si lo conseguiste en una situación difícil ahora ya has adquirido la disciplina necesaria para explayarte en cualquier otra situación. En cada momento trata de dar lo mejor de ti y de hacerlo lo mejor posible y luego confía y déjalo ir.

El resultado aparente importa muy poco, de verdad, lo verdaderamente significativo es que has adoptado la actitud correcta, un bagaje que te acompañará siempre en el camino y enriquecerá tu calidad personal.

En cambio si te cierras y lo rechazas todo estarás dejando pasar una oportunidad importante de aprender algo grande en ti. Por eso ante una situación de conflicto no lo tomes personalmente y trata de ver cuales serían las mejores cualidades de ti que deberían resurgir para resolver la situación tú.

Intenta ver tu parte, tu grado de involucración en el asunto y tu comportamiento y haz que todo sea impecable para que el poder que esta dentro de ti pueda expresarse hasta los límites de lo posible y obtener así la llave que abrirá la puerta hacia una nueva aventura, hacia el cambio que te espera y que has provocado tu mismo con ese pensamiento negativo porque quieres evolucionar y vivir la vida que realmente deseas.

## 3 ¿CUÁL ES TU VISIÓN DEL PASADO?

Por favor, reflexiona sobre esta frase y memorízala:
*El pasado transforma el futuro, el presente transforma el pasado.*

Es posible que pases tiempo revisando tu pasado, rememorando las cosas que te sucedieron hace mucho tiempo y sé que en la vida de muchos ha habido dramas y situaciones difíciles e injustas, que incluso se podrían haber denunciado y llevar el caso ante un juez. En especial los casos de indefensión de menores son los más duros, los más sensibles y los más tristes.

Hay quienes miran al pasado para echarle la culpa a los demás por todas sus desgracias presentes, para culpar a los padres u a otros por sus complejos de inferioridad y todos los fracasos.

Esta actitud es un verdadero pedrusco puesto delante de ti en el camino de la vida, es como si tuvieras que subir una montaña con una piedra en la mochila, en lugar de llevar agua, alimentos y herramientas que te ayudarán en la escalada.

Y en vez de disfrutar de la belleza del paisaje, de ver que cuanto más alto vas se vuelve todo más hermoso, te pesa la cabeza porque vas rumiando, gruñendo interiormente y quejándote por todo lo que pasa.

Hay quienes pasan la vida entre psicólogos y terapias y leyendo libros de autoayuda para eliminar de sus vidas todo ese pasado que hubieran querido borrar de su existencia.

Y al mismo tiempo se aferran a él con todas sus fuerzas, para seguir así, como antes, porque es más fácil estar ahí estancado en el agua sucia que estar dispuesto a cambiar.

Porque "mi madre me pudrió la vida entera", o "mi profesor me hizo aborrecer las matemáticas", o "mi hermano se llevaba lo mejor de todo", o "los compañeros de clase me provocaron mi complejo de inferioridad".

No estoy diciendo que haya que ignorar todo esto y auto engañarse, pues todo es verdad hasta cierto punto, y si sientes que necesitas ayuda para superarlo debes ir a buscarla para avanzar. Pero el pasado es parte de ti y no lo puedes "amputar", solo puedes aceptarlo y trasformarlo, de nada sirve rechazarlo, porque esto lo va a ampliar aun más engrandeciéndolo, e irás perdiendo más y más esa fuerza preciosa que necesitas para impactar el presente.

Sólo tú eres responsable de tu momento actual, del ahora, y en cuanto al pasado hay que aceptarlo y tomarlo como fue. No puedes cambiar lo que sucedió pero si puedes cambiar tu percepción de todo aquello para aceptarlo y dejarlo ir.

La cuestión es aprender a ser flexibles para sacar el mayor partido de todo, es una especie de inteligencia emocional. Recuerda que mereces y puedes ser feliz en el presente, al menos tener paz.

Trata de reparar el pasado con lo que está en tus manos y si puedes recibir alguna compensación por algo que te hicieron y hablarlo para que salga la verdad, adelante. Si esto no es posible, y en algunos casos no lo es, siempre puedes reconstruir la visión que tienes del pasado para aceptarlo y transfor-marlo. La única forma de hacer esto es tomar tu responsabilidad por el presente en la hora que te toca vivir en este momento y decidir vivirla de otra manera.

Cuando mires al pasado, míralo desde otra perspectiva, de manera global, no te quedes parado en los detalles que te atormentan y acepta lo bueno que dejó en ti.

Siempre puedes reescribir tu pasado transformando la idea que tienes de él, trata de extraer lo positivo, de nada vale amplificar todo el mal que te hicieron para arruinar por completo tu presente. El resto tienes que dejarlo ir, envíalo al lugar de donde vino, al universo, si quieres.

Déjalo ir con confianza, sabiendo que no volverá, para dar paso a una vida mejor.

Recuerda que nadie puede tocar verdaderamente tu esencia, tu corazón y tu confianza y aceptando y perdonándote vas a sacar lo mejor que hay en ti para volver a empezar.

Si eres un fracaso en matemáticas porque tu profesor era un negado y las matemáticas te interesan de verdad, ¿qué es lo que estás haciendo ahora para aprenderlas?, ¿estás buscando un profesor que te inspire confianza o un método para aprender que te motive?

Se trata de reprogramar tu cerebro con información nueva, con circuitos integrados luminosos que dejen pasar libremente la electricidad: tu nueva percepción del pasado está creando un futuro mejor para ti.

El pasado y el remordimiento

El remordimiento es uno de los mayores castigos que uno puede auto inflingirse. Uno puede superar la tristeza, la soledad, la injusticia, el temor o cualquier dificultad que se presente, pero el remordimiento es diferente, porque se trata de perdonarnos a nosotros mismos. Dicen que Judas se ahorcó de puro remordimiento, sin embargo no fue el único que ofendió a su Señor en aquella noche horrible. Pero Judas no pudo soportar la culpa o la condenación.

Cuando se trata de acciones en las que consideramos a los demás como "culpables" nos resulta más fácil resolverlas y admitirlas: porque la culpa no era nuestra, así que podemos condenar fácilmente a cualquiera y colgarle el sambenito a otro.

A mí me gusta mucho más esta expresión: cada palo aguanta su vela.

Y todo esto es porque solamente es posible vivir en paz si aceptamos el perdón. Yo lo resumiría con estas dos frases:

- Perdónate a ti mismo, sabiendo que hiciste lo mejor posible en aquel momento.
- Perdona a los demás porque tú también necesitas perdón.

Perdónate cuando mires al pasado y

te digas cosas como:
- Perdí mucho dinero cuando vendí aquel apartamento.
- Le presté a mi hermano un dinero que nunca me devolvió.
- Suspendí aquel examen de matemáticas que era tan importante para mí.

Pero por cada suceso negativo en la vida existe el equivalente opuesto, así que prepara tu lista de antídotos e inyéctate con el suero del perdón.

Cuantos más sucesos positivos recuerdes y revivas del pasado, más éxito crearás en el futuro. Seguro que hubo cosas que salieron mal, pero no les prestes atención, sino trae más bien a la memoria todos aquellos momentos positivos cuando:

Tus operaciones financieras te salieron bien y ganaste beneficios.

Te devolvieron aquello que prestaste.

Sacaste buena nota en una prueba difícil.

Mientras vas perdonándote y amando

tu pasado, enfocándote en todo lo bueno y el éxito que tuviste, vas cambiando el curso de tu futuro.

Puedes crearte una nueva historia personal, recuerda que la gente sólo conoce de tu historia lo que tú les cuentas, si pasaste una infancia con muchas necesidades, seguramente también hubo momentos de prosperidad en los que recibías lo que querías.

Pero si de tu infancia sólo vas a contar toda la miseria que pasaste, ¿qué marca vas a dejar? Primero en ti, luego en los demás. Posiblemente también alguien te regaló un juguete magnífico, o recibiste una cantidad de dinero que no esperabas.

Puede que tus padres te obligaron a cambiar de ciudad cuando ya tenías tus amigos y fueron tiempos difíciles, pero examina bien lo que sucedió después, pues tal vez esto abrió nuevas puertas para ti en el curso de tu vida y tuviste una mejor formación o mayores oportunidades y conociste a mucha gente nueva e importante para ti.

Atrapa todas esas sensaciones positivas y lánzalas hacia delante, crea de todo lo bueno un trampolín, haz que toda tu vida entera trabaje para ti.

### El pasado: la historia colectiva

Nuestra idea del presente también se ve afectada por nuestra percepción de la historia pasada colectiva, la historia de tu país o de tu raza, de los últimos sucesos políticos y la vida de las últimas generaciones.

¿Cómo ves la historia de tu país y de tus generaciones pasadas?

Tal vez lo contemples como un conjunto de eventos desgraciados y tristes, porque tenían hambre, lo pasaron fatal... y "ahora estamos así por culpa de tal gobernante, o de tal país que nos invadió".

La historia tiene siempre buenos y malos y el reparto de papeles depende de quien la escribe. Todo con el fin de alimentar ciertas ideas negativas que sólo producen cólera y desespero. Porque mientras tienes el corazón lleno de pena o de rabia por algo que sucedió en cierto evento histórico, el cual no puedes modificar, no estas enfocándote en construir tu vida e impactar en el presente que puede hacer para todos un mundo mejor.

La televisión reescribe la historia por ti

Además de deformar todo nuestro presente, la televisión también alimenta nuestra visión de los hechos pasados, mostrando frecuentemente imágenes de cuerpos desmembrados, documentales de todo el padecimiento de las guerras pasadas, que cambia de malo de la película según el partido político que gobierne. Sólo se ve hambre, destrucción e injusticia sin posibilidad de reparación, en una historia escrita para ti sin final feliz posible, sin esperanza, sin atisbo de luz para nuestra humanidad.

Todo lo que hace de ti un ser débil y sin fuerza, vulnerable y sobre todo pasivo, todo lo que te aleja de la libertad.

En lugar de todo esto es mejor buscar lo más alto, lo mejor de ti y de los demás, buscar aquello que te motiva y que te alegra, buscar la motivación mientras avanzas en la vida.

Reescribe la historia si lo necesitas, utiliza la imaginación emotiva, no ilusoria. Si necesitas creer que fue el bando X el que ganó en aquella batalla, escríbelo así en tu mente. Al menos que seas tú quien lo escriba, reconstruye los hechos con tu imaginación como a ti te hubiera gustado que fuesen.

Estas programando tu futuro en base a tu percepción del pasado trabajándolo en el presente, siéntete libre de utilizar cualquier elemento que te convenga. En todo caso eres tú siempre el autor y el presente es lo único que tienes en tus manos para operar.

### Conversar libres de la historia

Nuestra mente sólo puede concentrarse en un único pensamiento principal al mismo tiempo, mientras estás apesadumbrado y enfadado no estás construyendo lo que te interesa, o simplemente disfrutando del momento, estás renunciando a tu poder, así que por ello es mejor alimentarla con todo aquello que va a ser beneficioso para ti.

Ahora es el momento de crear una visión que te interesa, una visión nueva con la que vas a comprometerte, porque la historia, el pasado y la televisión ya han hablado bastante y ¿qué tienes que decir tú?

Los seres humanos estamos todo el tiempo conversando: con nosotros mismos (el dialogo interior), en conversaciones públicas o en conversaciones intimas con un amigo a quien le abres el corazón, o con un familiar.

### ¿Y si pudiéramos conversar libres de la historia?

Empezar a conversar para la posibilidad, para salir de donde estás, para declarar tu visión, porque así lo decidiste, y tanto tus conversaciones como tus actos son consecuentes con aquella visión que declaraste en su momento.

Conversar íntimamente y públicamente para crear la realidad que quieres manifestar, y lo que está adentro va a impactar lo que está afuera, poco a poco, siendo fiel a tu visión.

# 4 TENER CONFIANZA EN TI MISMO

Aprende nuevos hábitos para tener confianza en ti mismo.

## Tomar la responsabilidad

Toma la responsabilidad en todos los actos de tu vida, decide levantarte temprano, organizar tus cosas y atender a tus compromisos. Utiliza una agenda si es preciso para anotar las fechas importantes con las citas y los tramites que debes llevar a cabo tú.

Si tienes problemas o las cosas salen mal no le eches la culpa a los demás: —"Esto es porque mis padres me traumatizaron de pequeño", o: "La culpa la tiene el jefe, por eso estoy desmotivado".

Es una actitud que hace que delegues tu responsabilidad en otros y que al final se convierte en una corriente de quejas constantes, un hábito que te impide actuar.

Acepta lo bueno

Toma también la responsabilidad por lo que has hecho bien, si alguien te admira y te dice:

—"¡Que buen trabajo has hecho!", acéptalo y no digas:

—"Ah, no es nada, no es para tanto", sino responde más bien: —"Si, es verdad que lo hice bien, muchas gracias".

Estoy segura de que has hecho cosas fantásticas y verdaderamente geniales que debes celebrar.

Tenemos que celebrar todo el camino recorrido hasta aquí, que ya es una proeza. Hala, brinda conmigo pues: ¡chin, chin!

## Mantente informado

Para poder tomar la responsabilidad tienes que informarte de como llevar a cabo el proceso. Si eres responsable de un proyecto tienes que conocer los detalles y tienes que estar dispuesto a aprender.

Supongamos que tu proyecto es generar ingresos pasivos con la venta de un eBook, o libro electrónico: tendrás que aprender como editarlo, corregirlo, registrarlo, convertirlo en formato digital y al final promocionarlo y venderlo.

Hacer todo esto de principio a fin te servirá de aprendizaje, aunque lo quieras delegar a otros más tarde.

Infórmate de como hacer las gestiones administrativas antes de preguntarle a tu esposa, marido, padres o lo que sea, pregúntale a Google, llama por teléfono a las instituciones pertinentes, se diligente y hazlo tú.

## Mantente informado para encontrar soluciones

Prepara las reuniones de trabajo de antemano, busca documentación y datos, trata de anticipar las respuestas antes de que llegue el problema, toma un poco más de tiempo para hacer mejor las cosas.

En situaciones más serias en donde hay mucho en juego, da el primer paso para reunir todos los elementos necesarios para tomar tus propias decisiones pues así aprenderás y crecerás, pero no dudes en contar con los demás y pregúntales como lo hicieron. A veces es mejor aprender de los errores de otros para evitarlos a tiempo y no caer en ellos tú.

Adopta estas dos nuevas actitudes:

- Observar
- Aprender

Esto hará que construyas la base de información necesaria para tomar decisiones y resolver problemas.

### Saber a donde vas

Tener confianza en ti mismo implica tener objetivos bien definidos y tomar tus propias decisiones. No se trata de seguir el flujo de la vida haciendo solamente lo que los demás esperan que hagas.

### Decidir por ti mismo

El mundo es muy hermoso y estamos aquí para impactarlo, si necesitas siempre el apoyo de los demás para tomar decisiones, pasarás sin pena ni gloria por él.

Por ello necesitamos tomar decisiones propias y hacer de ello un hábito: cuanto más decides tú, más fácil y más rápido te resultara hacerlo. Poco a poco esto te ayudará a tener confianza en ti mismo, decidir es un hábito que se puede trabajar, fomentar ¡y al final disfrutar!

### Ten paciencia

No se adquiere confianza en uno

mismo de la noche a la mañana, pero puedes comenzar por dar pequeños pasos e ir desarrollándola poco a poco, mientras vas aprendiendo de tu experiencia y te vas haciendo más y más independiente.

### Creer en ti mismo

De pequeña me tocó ir a la escuela en los años difíciles de la postguerra. Vivíamos en un pueblo marinero de mi Andalucía natal y mi madre me inscribió en un colegio para niñas, allí aprendíamos matemáticas básicas y dictado por las mañanas y por la tarde costura. Al cabo de un tiempo la directora la llamó y le dijo:

—Su hija no aprenderá nunca, es demasiado torpe, demasiado distraída y no recuerda nunca lo que se le enseña.

Entonces mi madre tomó una de las mejores decisiones de su vida y me apuntó en una academia de pago en donde había profesores dedicados y clases con niños y niñas.

Teníamos cinco asignaturas básicas y la costura no estaba entre ellas.

Mi profesor se llamaba Don Juan Basadre y era un marino mercante retirado que tenía una gran motivación para enseñar. Don Juan estaba casi siempre de pie explicando cosas en la pizarra, las explicaba una y otra vez porque le apasionaba su trabajo. Hablaba varios idiomas y a menudo nos contaba chistes y anécdotas que hacían reír a toda la clase.

Además de las clases, nos enseñaba métodos de aprendizaje y técnicas para recordar cosas con facilidad. Y lo más importante: con su ejemplo nos enseñó a estar motivados y creer en nosotros mismos.

Con diez años yo ya tenía nociones de latín y matemáticas avanzadas, geometría y redacción y el nivel de estudios de toda la clase estaba a 4 ó 5 años por delante de nuestra edad.

Un día llamó a mi madre y le dijo:

—Su hija es muy inteligente y está siempre entre los primeros de la clase, procure que siga siempre sus estudios.

¿Qué había cambiado en todo esto? Yo había encontrado a alguien que creía en mí y esto me dio la motivación para aprender.

Algo tan sencillo como creer en ti mismo puede cambiarlo todo y es el principio de la mente ganadora.

Ahora que crees en ti mismo no dejes que nadie interfiera, y transforma cualquier comentario negativo en una base para avanzar.

Si alguien te dice: "tú no puedes", o "tú no sirves", responde: "esa es tu opinión, pero yo pienso que puedo hacerlo perfectamente".

Creer en ti mismo no es convencer a los demás, cuando crees en ti mismo no te hará falta, y los que no estén de acuerdo van a apartarse y pasar de largo.

Cuando crees en ti mismo comienzan a pasar cosas buenas porque avanzas limpiamente tomando acción.

La única persona que puede hundirte eres tú mismo, decide utilizar las situaciones difíciles a tu favor y emerge ahora mismo. Por ello comienza a creer en ti mismo agradeciendo lo que ya tienes y todo lo que has conseguido hasta ahora.

Alégrate por cada tarea cumplida y

por cada objetivo alcanzado, y piensa que si has llegado hasta aquí es porque puedes llegar aún más lejos.

## 5 ACEPTAR TU SITUACIÓN ACTUAL PARA TRANSFORMARLA

Por favor, toma un momento y reflexiona sobre estas ideas:
- El rechazo y la cólera amplifican el efecto negativo de una situación y te estanca en ella hasta que no cambies.
- Reconoce y acepta que lo que está sucediendo ahora es para mostrarte qué es lo que debes transformar.
- Cuando te transformes tú, crearás un efecto dominó que cambiará todo el escenario para una situación nueva y mejor.
- Aceptar la situación actual no significa renunciar a una situación mejor, sino todo lo contrario: es el

escalón en donde te apoyarás para subir al siguiente peldaño.
- Acepta tus errores y los de los demás sin juzgarlos, para aligerar peso y avanzar.
- Solo la justicia, la paz y el amor pueden zanjar una situación de manera permanente.

Para pasar al curso siguiente tienes que aprobar las asignaturas

A veces nos encontramos con situaciones injustas o simplemente que no son de nuestro agrado.

¿Cómo reaccionas cuando las cosas no van como deseas?

## Reaccionar como una víctima

Cuando reaccionas como una víctima estas permitiendo a otros que te hagan daño porque crees que lo mereces. En esta situación eliges inconscientemente a una persona de tu entorno para que se convierta en tu verdugo.

Estás atrayendo un tipo de circunstancia propicia para que te conviertas en víctima.

Pero recuerda que por muy duro que haya sido tu pasado o por muy mal que te vayan las cosas ahora, eres un ser especial y único que ha venido aquí para experimentar y ser feliz.

Eres igual que los demás, ni mejor ni peor, simplemente tienes que reclamar tu lugar y poner las cosas en su sitio.

Si tan solo pudieras ver a la otra persona tal como es y no confundirla con un verdugo, podrías comenzar a arreglar las cosas.

Simplemente puedes decir:

—¿Me puedes hablar en un tono más bajo, Fulanito? Gracias.

Es importante dirigirse a la persona por su nombre y decir gracias inmediatamente después, esto implica que estas proponiendo un trato de cortesía y buen entendimiento.

Si esto no funciona y estás tratando con un ser déspota, entonces es que estás fuera de tu lugar y tienes que provocar la oportunidad para que se produzca un cambio de escenario para ti.

## Reaccionar como un verdugo

Cuando las cosas no te complacen o no están de acuerdo con tus principios, ¿Qué actitud tomas?

Tal vez hablas con los demás secamente y andas todo el tiempo con el ceño fruncido. Tal vez piensas que los demás tienen la culpa de todo siempre, y todos te irritan.

### El respeto hacia los demás

Si algo nos causa enfado no debemos reprimirnos completamente, sino analizar por qué tenemos esta emoción dentro de nosotros y sanarlo.

Si nos expresamos de forma brutal con los demás, luego nos queda un vacío, un sinsabor en el pecho, y es porque estamos emitiendo hacia los demás una energía que más tarde volverá hacia nosotros.

Y todas las situaciones que terminemos con enfado tendremos que resolverlas más tarde con paz y con amor, aunque vuelvan manifestándose con otras personas y en otras circunstancias.

Será una asignatura pendiente que tendremos que aprobar, por ello es muy importante respetar a los demás.

Cuanto más respetemos a los demás, más nos van a respetar. Sí, el efecto boomerang existe.

O dicho más simplemente: la cólera engendra cólera y tenemos que estar atentos al efecto que producimos en los demás.

Si respetamos los valores de los demás, sus ideas y su tiempo, seremos respetados nosotros también.

Atención: respetar no quiere decir complacer a los demás y si respetamos a los demás pero no nos respetan es porque creemos que no merecemos ser respetados y estamos permitiendo que nos traten mal.

He ahí el desafío: comenzar a respetar a los otros aunque al principio sea difícil y no obtengamos el retorno deseado.

¿Necesitas la validación de los otros para ser fuerte?

Para empezar tenemos que perdonar todo lo que nos han hecho para ser libres y poder avanzar aligerando peso.

Seguidamente tenemos que abandonar todo deseo de obtener la validación de los demás para sentirnos bien, porque de esta forma estamos cediéndoles nuestro poder.

Es maravilloso sentir que confían en ti, que los otros creen en ti y aprueban lo que haces, pero si deseamos realmente ser fuertes no tendríamos que necesitar esta aprobación para tener fe en nosotros mismos.

Esta necesidad de aprobación está usurpando nuestro poder en lo más profundo y es muy probable que nuestra verdad sea diferente de la de los demás, por lo que no siempre vamos a poder auto alimentarnos de esa aprobación ajena.

El respeto a ti mismo

Respeta tus propias creencias y mantente abierto a cualquier idea nueva que te traiga alegría.

Pero no aceptes automáticamente cualquier creencia si no te parece justa o buena para ti, respeta tu verdad conservando al mismo tiempo la compasión por la verdad de los demás.

He dicho compasión o tolerancia, y no forzosamente aceptación, pues eres un ser único y especial y el universo entero está esperando tu contribución, por ello tus sueños y objetivos son tan importantes como los de cualquier otro.

## 6 SALIR DE LA ZONA DE CONFORT

*"-Ya conoces mucho de caza -continuó don Juan-. Te será fácil darte cuenta de que un buen cazador conoce sobretodo una cosa: conoce las rutinas de su presa. Eso es lo que lo hace buen cazador.*
*Un cazador digno de serlo no captura animales porque pone trampas, ni porque conoce las rutinas de su presa, sino porque él mismo no tiene rutinas. Esa es su ventaja. No es de ningún modo cómo los animales que persigue, fijos en rutinas pesadas y en caprichos previsibles; es libre, fluido, imprevisible.*
*Para ser cazador debes romper las rutinas de tu vida.*
*Has progresado en la caza. Has aprendido rápido y ahora puedes ver que eres*

*como tu presa, fácil de predecir.*
*Como ya te dije, tú en mi parecer te comportas como tu presa. Una vez en mi vida alguien me señaló a mí lo mismo, de modo que no eres el único. Todos nosotros nos portamos como la presa que perseguimos. Eso, por supuesto, nos hace ser la presa de algún otro. Ahora bien, el propósito de un cazador, que conoce todo esto, es dejar de ser él mismo una presa. ¿Ves lo que quiero decir?*
*Un buen cazador cambia de proceder tan a menudo como lo necesita...*
*Para ti el mundo es extraño porque cuando no te aburre estás enemistado con él. Para mi el mundo es extraño porque es estupendo, pavoroso, misterioso, impenetrable; mi interés ha sido convencerte de que debes hacerte responsable por estar aquí, en este maravilloso mundo... en este maravilloso tiempo. Quise convencerte de que debes aprender a hacer que cada acto cuente, pues vas a estar aquí sólo un rato corto, de hecho muy corto, para presenciar todas las maravillas que el mundo nos ofrece.*

*Insistí que aburrirse con el mundo o enemistarse con él era la condición humana.*
*- Pues cámbiala - repuso con sequedad -.*
*"*

Palabras de Don Juan, según Carlos Castaneda

*"Luego me trajo a la memoria todas las tareas sin sentido que, bromeando, solía encomendarme cada vez que iba yo a su casa.*
*Labores absurdas como acomodar la leña según cierto diseño, circundar la casa con una cadena continua de círculos concéntricos dibujados en el polvo con el dedo, barrer la basura de un sitio a otro, y así por el estilo.*
*Las tareas incluían también actos que yo debía realizar por mí mismo en casa, tales como ponerme una gorra negra, o atar primero mi zapato derecho, o abrocharme el cinturón de derecha a izquierda.*
*La razón de que nunca las hubiera tomado más que en guasa era que él siempre me decía que las olvidara*

*después de haberlas establecido como rutinas habituales.*
*Conforme él recapitulaba las tareas que me había dado, me di cuenta de que, al hacerme realizar rutinas sin sentido, había implantado en mi la idea de actuar sin esperar nada a cambio."*
Relatos de Poder, Carlos Castaneda

Los seres humanos estamos gobernados por las costumbres, nos levantamos a la misma hora, y comemos siempre a la misma hora aún cuando no tengamos hambre, simplemente para evitar tener más hambre después.

¿Qué pasaría si un día te quedas sin café en casa y no puedes tomarte tu café de las siete de la mañana?

¿Tendrías un mal día?

Y ¿qué pasaría si fuera algo más gordo como quedarte sin empleo o tener que cambiar rápidamente de ciudad, cómo lo verías? ¿Como un fracaso o como la oportunidad de desarrollarte en un campo nuevo?

Nos da miedo la incertidumbre, la

pérdida, el dolor... y así nos vamos acomodando dentro de la caja del confort.

Nos acostumbramos a vivir siempre dentro del mismo entorno, donde las cosas nos resultan conocidas, ya sean agradables o no, y lo aceptamos todo como "normal". En realidad: es habitual pero no es normal.

El sistema quiere que te conformes, que sigas las reglas del grupo y que ten conviertas en un "aceptador" en vez de en un creador. El temor del juicio que la sociedad pueda tener sobre ti te desanima de tomar riesgos por miedo al fracaso y al rechazo.

Mientras, te han construido una jaula muy bonita, con lujos, posesiones y objetos preciosos, o aun peor, una jaula constituida por las deudas y las obligaciones económicas que te esclavizan y te someten más y más a todas las normas.

El consumismo quiere que estudies una carrera y desarrolles un solo talento para ganar dinero y que consagres toda tu vida a ello. Y nada más:
- Trabaja duro.
- Sacrifícate.

- Acepta tu destino.
- Soñar despierto es una pérdida de tiempo.

Y así se construyen las dos partes de la estrategia: en hacer que tu zona de confort sea muy cómoda, acogedora, y segura y que resulte incómodo, pavoroso, e incierto el estar en cualquier otro lugar.

Esto es una desgracia, porque el crecimiento y el desarrollo personal solo progresan afuera de tu zona de confort.

Mientras la zona de confort alberga una actitud de indefensión que hace más difícil progresar. Para aprender, crear y crecer, tienes que dar el salto afuera de tu fortaleza para aventurarte en el desierto de lo desconocido.

### Lo habitual no es normal

Empleamos la frase "es normal" sin pensar cuando queremos decir que algo es habitual.

Si algo va mal, si sufrimos, o la vida resulta dura "es normal", y podríamos decir que es habitual pero no es normal.

Así aceptamos todo lo que nos caiga encima, sin pensar, sin reflexionar en que hay otras maneras de hacer las cosas, puesto que "es normal" que todo siga así. O sea, como todo el mundo.

¿Vas a ser como todo el mundo?

Me levanto por la mañana, salgo pitando a trabajar y no tengo tiempo de tomar un café y darle un beso a mi mujer (o marido).
Es habitual, pero no es normal.

Estoy estresado y me altero fácilmente, pero no hago nada para cambiar mis hábitos y combatir el estrés.
Es habitual, pero no es normal.

Consumo comida rápida y como siempre platos preparados para no perder el tiempo en cocinar. Luego me siento cansado y voy a la farmacia a comprar multivitaminas para mantener el tonus.
Es habitual, pero no es normal.

Veo en la televisión películas

violentas, anuncios agresivos y leo exclusivamente todas las noticias que hablan de guerra y conflicto. Luego proclamo que lo que este mundo necesita es paz.
   Es habitual, pero no es normal.

En mis conversaciones hablo de todos los problemas económicos que tengo, de la escasez en el mundo y siempre estoy diciendo que me falta el dinero, pero mis aspiraciones son vivir en la prosperidad y aumentar mi calidad de vida.
   Es habitual, pero no es normal.

   ¿Sigo?
   ¿Qué hacer para salir este circulo vicioso?

   Cuida tus conversaciones, las conversaciones contigo mismo y con los demás, y habla libre de historia.
   Actúa y adquiere pequeños hábitos nuevos, como levantarse diez o quince minutos antes para no correr y empezar el día sin estrés.
   Deja de alimentarte de la basura de la

televisión y otros medios de comunicación, trata de buscar buenas noticias, si buscas las encontrarás.

Comienza a cuidar mejor de ti mismo, come bien, detecta el estrés y haz lo necesario para remediarlo. Utiliza el único antídoto valido en esta existencia: disfruta de los tuyos, disfruta de la vida y borra tu calendario. Comienza a contar tu vida por horas, una hora es,.. ¡Tan preciosa!

¿Qué fue lo que hiciste en esta ultima hora, en qué estabas pensando? ¿En lo habitual o en lo normal?

### ¿Cómo salir de la zona de confort?

Afuera de tu zona de confort está tu zona de aprendizaje, es ahí a donde sales para ampliar tu concepción del mundo, es ahí donde observas, experimentas y tomas decisiones para avanzar.

A algunas personas les encanta viajar, conocer nuevas culturas y aprender nuevos idiomas, en cambio otros tienen miedo y no se mueven del barrio en que nacieron.

Lo que para ti es una zona de experimentación, para ellos es la zona de pánico.

Estos son los que te dirán que lo que estás haciendo es imposible. Decía Confucio: "Los que dicen que es imposible no deberían molestar a los que lo están haciendo."

Y esta zona de experimentación te permite vivir el cambio, el crecimiento y la expansión para:

- Atreverte a desear lo que quieres tener en un futuro mejor.
- Atrévete a soñar con lo que quieres hacer.
- Atrévete a decidir: lo que tú no decidas, lo harán otros por ti.

Vuelve a la zona de confort sólo para recuperar los conocimientos y el bagaje necesario para avanzar, la zona de confort se convierte así en el almacén de tu experiencia, del que vas a tirar cuando lo necesites. Ir venciendo tus miedos aumentará tu autoestima e inyectará en ti la motivación para ir a la búsqueda de tu misión personal o el sueño de tu vida, poco a poco te irás acostumbrando más y más a esta "incomodidad" creativa.

### Confía en el proceso

Cuando decidas hacer algo no te obsesiones con el resultado que vas a obtener. Por ejemplo, si vas a jugar al casino, pon el dinero que estés dispuesto a perder y disfruta del momento.

Si ganas, entonces será la guinda que adorna el pastel, y si pierdes, aun te quedará la experiencia. En otras palabras: no te apegues al resultado que esperas obtener, sino más bien concéntrate en lo que estás haciendo y disfruta el momento presente.

### La aceptación

Cuando las cosas no van como tú lo deseas, déjalo pasar. Si te aferras a tu zona de confort te estás apegando a la idea de que el mundo tiene que ser un lugar fijo y predecible, lo que tú consideras seguro, algo que es una completa ilusión.

Y ahí estás en el camino seguro hacia la frustración y el desencanto. Abre los ojos: el mundo es un lugar dinámico y cambiante en donde las cosas van bien y a veces van mal. Así es como son las cosas.

### Expándete

Ve extendiendo gradualmente el perímetro de tu zona de confort poco a poco. Da pequeños pasos pero con frecuencia, empuja las paredes, no hace falta derribarlas.

Verifica los progresos que vas haciendo para confirmar que avanzas con el tiempo.

Y así mientras tu vida va mejorando se hace cada vez más fácil expandir tu zona de confort, porque cuando estás feliz y lleno de optimismo y de confianza, vas a tomar más riesgos y vivir la vida como una aventura.

Preguntas:

¿Cómo será tu vida en 10 años si te quedas en tu zona de confort?

¿Y si en vez de quedarte salieras a conquistar nuevos terrenos?

¿Has limitado tus objetivos a las cosas que puedes hacer cómodamente?

# 7 AUTODISCIPLINA Y PERSEVERANCIA

¿Qué es la autodisciplina?

Es el dominio propio que garantiza actuar independientemente del estado de ánimo en que te encuentres.

Mozart decía que el no esperaba la inspiración para ponerse a trabajar, sino que comenzaba a trabajar y trabajando le venía la inspiración. Y ¿cuál de las obras de Mozart no esta inspirada?

Imagina lo que podrías conseguir si pudieses emplearte a fondo en una tarea hasta el final, sin importarte lo que esté sucediendo.

Cuando tomas una decisión consciente sobre algo que quieres hacer, está garantizado que persistirás hasta el final si pones en marcha la autodisciplina.

### ¿Cómo aumentar la autodisciplina?

La autodisciplina es como entrenar los músculos, cuanto más te entrenas más fuerte te haces.

Cada uno tiene un nivel de autodisciplina propio y necesitas autodisciplina para aumentar la autodisciplina.

La autodisciplina te empuja a salir de tu zona de confort, cada vez que te esfuerzas, te vas haciendo más fuerte.

Tampoco sirve de nada imponerse metas que están más allá de tu alcance o de tus límites, o por el contrario apoltronarse en tu zona de confort a esperar que cambien las cosas por sí solas.

Es como hacer pesas. Si sé que puedo levantar 50 kilos, no voy a tratar de levantar 75 sino más bien 51 kilos: una meta cerca del límite, sin brusquedades.

Por ejemplo yo comencé a escribiendo en mi página Web uno o dos artículos al mes. El siguiente paso fue escribir al menos un artículo por semana, y finalmente estoy escribiendo tres artículos por semana. Al tener más éxito en los retos iba aumentando mis objetivos y me di cuenta de que ahora escribo más rápido y mejor.

El entrenamiento progresivo significa que vas aumentando el reto conforme vas obteniendo éxito: así te haces más fuerte.

La cuestión es querer salir de la zona de confort pero gradualmente y con constancia, poco a poco.

La autodisciplina compensa el esfuerzo realizado, te aporta la satisfacción de haber hecho bien las cosas y el éxito que conlleva: mejorar tu negocio, perder peso, cualquiera que sea tu proyecto, estarás contento con los resultados.

Con esta idea en mente podrás culminar y llevar al éxito cualquier cosa que hayas decidido emprender.

¿Qué pasa si fracaso?

Un fracaso es simplemente una contrariedad pasajera, un fracaso trae consigo la semilla de una ventaja *"un mal pour un bien"* (un mal por un bien), el fracaso es sólo temporal.

La perseverancia

La perseverancia es un hábito, el esfuerzo sostenido que induce a la fe, digamos que llegaste ahí gracias a la autodisciplina.
¿Cómo puedo aumentar la perseverancia?
Desarrollando estas cualidades:

- El hábito de tomar decisiones propias.
- La claridad de mis objetivos.
- La creación de un plan preciso para conseguir los objetivos y seguirlo en una acción continua.
- Querer, desear, ardientemente una cosa.
- Un espíritu impermeable a toda influencia perniciosa.
- Cooperar con alguien que tenga las mismas miras y te acompañe en el camino.

¿Necesito suerte para continuar?

Necesitas la ayuda de la Inteligencia Infinita para atravesar todo este proceso con éxito. La suerte hay que fabricarla a medida, y eso sólo se consigue a través de una actuación precisa y constante hacia un objetivo definido.

Sólo podemos contar con la suerte que nos provocamos y sólo se puede atraer la suerte con perseverancia.

Si no perseveras, ¿Cómo sabes que te estás dando todas las posibilidades de triunfar?

# PARTE II: El Cambio

## 8 ¿QUÉ ES EL PODER DE LA ANTICIPACIÓN?

El poder de la anticipación es tomar la iniciativa ahora en previsión de futuro.

Todo el mundo es capaz de realizar tareas rutinarias, no es difícil, van a la universidad y terminan sentados delante del despacho haciendo un trabajo de monos. Esto lo puede hacer cualquiera, pero pasan años de su vida formándose, encontrando la respuesta para todo y creyéndose los mejores aunque son de verdad inútiles, porque si te crees el mejor siempre habrá alguien que será mejor que tú, que trabaje más rápido que tú y que tenga más respuestas que tú, no te quepa duda.

La sola capacidad que te permite destacar de los demás es tener una intuición o previsión del futuro y actuar en el presente.

Un ejemplo que todos conocemos es el de Steve Jobs que tomó la iniciativa en el presente de presentar una tecnología nueva como el smartphone, aunque esto en realidad no fue una idea totalmente original pues ya otros habían fabricado productos similares, solamente que él era suficientemente inteligente a nivel de marketing como para promoverlo antes que los demás.

Su intuición del futuro fue la capacidad que tuvo de ser el primero en ver ese mercado nuevo en acción.

No es que Apple hubiese inventado esta tecnología, pues ya existían en el mercado cierto tipo de teléfonos con pantallas táctiles, pero el tomó todas esas características añadiendo las propias, una gran calidad y una ergonomía al alcance de todos para crear un producto perfeccionado que reuniese las mejores características para conquistar el mercado.

### El arte de la anticipación en el trabajo

Bien, si cada mañana cuando llegas a tu puesto de trabajo te sientas a ver las horas pasar simplemente haciendo lo que te mandan serás una pieza más, una pieza de fabricación en serie.

O serás como un caballo que corre detrás de la zanahoria y no ve nunca la meta, cuyo único objetivo es correr. Hay muchos caballos que corren y al final habrá uno que ira más rápido que tú, es seguro.

Entonces la única posibilidad es tener tu espacio creativo, tener una visión del presente clara de como funcionan las cosas y proyectar hacia el futuro ahora.

Para cambiar un proceso primero tienes que conocerlo bien y luego llevar a cabo tu actividad cotidiana enfocando en tu capacidad creativa para encontrar la mejor solución.

Veamos un ejemplo práctico: si te están pidiendo todo el tiempo informes, digamos que te piden informes estadísticos semanales de ventas del sector, y esto te lleva varias horas o dos días hasta que terminas el reporte.

¿Por qué no anticipar la próxima petición?

Y realizar un proceso automatizado con Excel o algún otro programa, que haga el reporte para ti cada semana, así que cuando te lo pidan lo tengas ya listo. ¡Eso es!

Si estas en un puesto de trabajo que no te permite proyectar tu creatividad hacia el futuro y poner en practica el arte de la anticipación, pues cambia de puesto. Eso es todo.

## Ser precavido no es lo mismo que anticipar las cosas.

Puedes llevar un paraguas en tu bolso durante tres meses, porque eres precavido, y puede que en todo ese tiempo no haya caído ni una gota y habrás cargado con el paraguas para nada.

Esto es como una especie de anticipación a ciegas, cuando la verdadera anticipación es un acto de genialidad.

A mi no me gusta cargar con un paraguas por nada, simplemente meto en el bolso un chubasquero ligero, y así, si no llueve no me habrá costado nada llevarlo.

Pero esto no tiene ninguna genialidad, es más bien un acto de prevención inteligente.

La anticipación es ver como debes hacer evolucionar tu producto, o como crear uno nuevo que hará revolucionar el mercado.

La anticipación crea un nuevo paradigma de los actos más rutinarios, simplemente porque estás reflexionando, pensando y buscando la inspiración en estado creativo (no vegetativo) mientras trabajas, en lugar de seguir la corriente de manera rutinaria.

## 9 EL PARADIGMA

En los años en que trabaje para Xerox se hablaba frecuentemente del paradigma, incluso me preguntaron qué es un paradigma en la entrevista de empleo.

Pero, ¿qué es en realidad un paradigma?

Un paradigma es una manera de hacer las cosas aceptada por todos y que funciona. Esto no significa que sea la mejor manera, o la única manera posible, sino la más aceptada.

En los años 90 estaba de moda esta frase en las empresas: "Cambiar de paradigma" para describir un cambio revolucionario en un proyecto.

Veamos un ejemplo de paradigma de

las masas víctimas del consumismo:

Ingresos = Sueldo del trabajo por cuenta ajena

Gastos > que los ingresos

Para pagar impuestos y créditos.

Y he aquí el paradigma de los que siguen el modelo de libertad financiera:

Ingresos = Activos

Gastos < que los ingresos

Para comprar activos y conseguir más ingresos.

Simple, ¿no?

Ya ves, los dos paradigmas funcionan pero para ti ¿cuál es el mejor?

Alguien se paró a reflexionar en el modelo mayormente aceptado y se dio cuenta de que se podía mejorar y vivir de otra manera.

### La perspectiva

Una de las claves para afinar la anticipación es la perspectiva. Si tienes en cuenta las tareas inmediatas, solamente aquellas que debes realizar hoy, ¿Cómo podrás anticipar el futuro?

Tampoco hace falta ser adivino, basta con detenerse y pensar.

Por ejemplo, digamos que en los últimos tiempos has ganado un 20% más de clientes y que ese tanto por ciento ha ido incrementándose de forma ascendente.

Puesto que la producción aumenta, ¿qué has previsto para atender las demandas?

Puedes reflexionar en:

- Las tareas que se pueden automatizar.
- Los recursos que puedes necesitar.
- Los procesos que puedes mejorar o inventar.

Pero si te quedas enredado en las tareas recurrentes, dejando que sea el "to do" (la lista de cosas que hay que hacer), de hoy la que te dirija, la avalancha te pillará desprevenido y puede que pierdas una gran oportunidad de crecimiento.

## 10 PARA ANTICIPAR APRENDE BIEN EL PROCESO

Si trabajas por cuenta ajena es lo mismo, si dejas que la rutina te atrape completamente no podrás avanzar tanto como lo hubieras hecho pensando en las cosas importantes con anticipación.

Trabajar para aprender es algo muy importante, porque estas invirtiendo en ti y en tu futuro. Siempre puedes aprender, hasta de los errores, de los tuyos y de los otros.

Piensa que eso que aprendes hoy te lo llevaras contigo y puede que en un futuro a tu propio proyecto, así que:
- Observa, y no mires solamente.
- Escucha activamente.
- Tómalo todo como una formación.

Este aprendizaje será la base para formar los conceptos que hacen funcionar el mundo que te rodea.

Y solamente conociendo bien este funcionamiento podrás traspasarlo y poner en marcha la anticipación.

Hace poco estuve dando una vuelta por el barrio judío, las calles estaban llenas de gente y era la hora de comer.

Decidí comprarme un showarma, una especie de sándwich para comérmelo por el camino.

Me fijé en que en la calle había dos restaurantes: el de la acera izquierda tenía una cola de espera de casi 50 personas y venían cada vez más, y el de la derecha, en donde habían solo dos o tres esperando.

¿Cuál era la diferencia? Los dos restaurantes vendían el mismo tipo de sándwich y al mismo precio, pero el restaurante de la izquierda había puesto en práctica una pequeña estrategia comercial.

Había un joven en la calle que tenía un cuaderno de comandas en la mano, te preguntaba qué querías comer y le pagabas en ese mismo momento afuera en la calle, en la misma fila de espera. Él te daba un ticket con la comanda ya anotada y al llegar al mostrador los cocineros leían el ticket y despachaban en seguida, por lo que en muy poco tiempo me fui con el sándwich en la mano.

La diferencia estaba en que te servían enseguida, los cocineros sólo tenían que cocinar, pues el trabajo de anotar la comanda y cobrar en caja ya estaba hecho. Los turistas estaban allí para pasear no para quedarse parados una hora esperando un sándwich.

Bueno, esta es una historia muy sencilla pero ilustra muy bien todo lo que se puede conseguir anticipando cosas. Alguien observó lo que pasaba e inventó un proceso nuevo que estoy segura que tenia su efecto multiplicador en caja.

## 11 EL FIN DE LA ERA INDUSTRIAL

Durante los últimos 80 años hemos estado viviendo en la era industrial, desde los tiempos de Henry Ford y los inicios de la producción en cadena.

Hasta ese momento la creación de cualquier artículo era artesanal en toda su integridad: ninguno tenía un diseño que se pareciese a otro artículo similar. El problema venia cuando había que repararlos y cambiarles una pieza.

Recuerdo de pequeña ver a mi tía que reparaba las máquinas de coser antiguas: Singer y Alfa. Estos artefactos estaban tan bien hechos que no se estropeaban prácticamente nunca. El problema venía cuando se rompía una pieza, pues eran muy difíciles de encontrar y sobre todo no se podían intercambiar las piezas de una maquina a otra. Bueno, ella siempre conseguía repararlas, no se si adaptaba las piezas o qué, pero siempre las reparaba.

Los coches también se hacían así, eran producciones únicas, prácticamente como obras de arte.

Hasta que Ford saco el modelo T y con el montaje en cadena fabricó una gran cantidad de coches a precio muy bajo. Encima las piezas eran intercambiables de un coche a otro, algo que facilitaba enormemente la reparación, por ello en un par de años la producción había aumentado en un 400%.

Así que la fábrica necesitaba obreros preparados para el trabajo rutinario, el sueldo rutinario y la vida rutinaria hasta el final.

Estamos en un tiempo en el que nos educan en la escuela para ser ese tipo de piezas fácilmente reemplazables:

—"Aprende, estudia para ganar el mejor sueldo posible y nos vemos dentro de 40 años en la etapa de la jubilación".

O sea: haz la función que se espera de ti dentro de la gran maquinaria y estate calladito, no te atrevas a inventar y conectar con las otras piezas y provocar que pasen cosas.

La gente cree que porque está pagando impuestos, cotizando y haciendo lo que les dicen que tienen que hacer durante 40 años esto crea como una especie de colchón de plumas que se llama jubilación esperando para recibirles después.

Pero ¿qué sucedería si retiran esa especie de colchón de repente?

Con los últimos cambios la edad de la jubilación podría ir más allá de los 67 años, con los últimos cambios la edad de la jubilación podría ir más allá de los 70 años.

Con los últimos cambios ¡podría no haber jubilación ninguna!

¡El sistema no funciona señores!

¿Qué vas a hacer? ¿Trabajar hasta la tumba?

La era económica industrial se ha terminado: si estás haciendo lo que te dicen que hagas, obedeciendo sin pensar en nada más, siempre habrá alguien al lado que lo haga más barato que tú, ¡y ese tipo de carrera de ratas te llevara justo al fondo!

## El inicio de un nuevo paradigma: la libertad de elección

Estamos en la nueva era de la comunicación, hasta ahora teníamos que demostrar que somos los mejores en todo para que alguien venga y nos escoja por nuestro talento y nos ofrezca el empleo de nuestra vida. Pero estamos viviendo un paradigma nuevo para el que no estamos preparados, ni hemos aprendido como vivirlo.

¿Qué debo hacer para adaptarme al fin de la era industrial?

En vez de esperar a que alguien te diga que eres importante:

—"Oiga, usted es tan genial que le vamos a ofrecer el contrato de su vida".

Toma tu carrera en tus manos y en lugar de esperar a que alguien te escoja para el empleo de tu vida, escógete a ti mismo.

¡El empleo de tu vida no existe!

¡Es el fin de la era industrial y el principio de la era de "tú escoges"!

Si tienes algo único, genuino e importante para el mundo, algo maravilloso, o simplemente que resuelve problemas de la gente, ¡sal y muéstralo!

Es ahora, el momento es ahora.

¿Cuál es tu estrategia para conseguirlo? Establece un plan preciso y actúa ya.

Si has escrito un libro maravilloso que nadie quiere publicar, conviértelo en un eBook y véndelo por Internet.

Si tienes una idea de como vas a vender tus productos, abre un canal de ventas ya, aunque sea pequeño, no esperes a que un sponsor venga y te escoja.

Si el producto eres tú, ¡mejor! ¡Sal y véndete ya!

Hace unos 200 años casi nadie tenia trabajo por cuenta ajena, la gente vivía del trabajo de sus manos, de su oficio o de los productos que cultivaban en el campo. Y el oficio era para ellos tan representativo y tan importante que se convirtió en apellido: de ahí Carpintero, Zapatero, Herrero, etc.

La mayor parte trabajaba por cuenta propia como artesanos, constructores, labradores, etc. Hasta que llegó la labor industrial que cambio todo eso, el trabajo monótono que consiste básicamente en hacer siempre lo mismo y en el mismo horario y por supuesto cobrando siempre el mismo sueldo.

La sociedad entera se conformó a esta idea y ahora muchos se resisten a cambiar este paradigma porque tienen miedo de salir de el.

### La nueva era de las oportunidades

Pero ahora el modelo esta cambiando, estamos en la nueva era de Internet y el espacio de negocio es diferente.

Estamos en la nueva era de la comunicación en donde alguien aprieta un botón y transmite un mensaje que llega a miles de kilómetros de donde está. En donde puedes vender un producto que un cliente recibirá, puede que en otro país, sin moverte de tu casa.

Es una era de magníficas oportunidades. Nunca fue tan fácil montar un negocio, comunicar al mundo entero una idea, publicar un libro, viajar, inventar, tener libertad de movimiento, elegir tu profesión, ser presidente, artista, payaso, abogado o hasta ser un desligado y retirarte de la vida mundana si lo deseas.

El único requisito es olvidar la educación industrial que nos han inculcado, la obligación de ser perfectos y de no fallar y atreverse a dar un salto hacia delante para experimentar la creatividad. Si no te gusta tu jefe, puedes despedirlo y trabajar en tu propio proyecto.

Si crees que algo puede hacerse de una manera mejor, entonces ve y hazlo tú mismo.

En fin, tenemos que adaptarnos a esta nueva época y dejar de escuchar llantos y desgracias, de alimentarnos de las malas noticias de la televisión y comenzar a actuar ya.

Escoge tus palabras con prudencia. Más que hablar de tus temores o de lo que no deseas, habla de tus aspiraciones y deseos. Comienza a proyectar.

Y finalmente, cambia tu manera de actuar si no es coherente con tus ideales. A esto se le llama « alinearse », una palabra que esta de moda, a actuar de forma coherente con tus valores internos y tus deseos más profundos y no tener dos versiones de ti mismo que actúan de forma contradictoria. Para cambiar hay que cambiar. ¡Deja de hacer las cosas como las hacías antes!

Deja de intentar hacer esto o aquello, ¡simplemente hazlo!

La gente que se conforma con todo, no se mueve nunca de donde está, pero si esto es lo que deseas, pues quédate ahí, pero sé consecuente con tus actos.

La mayoría piensa que desea vivir una vida mejor, pero, ¿qué es una vida mejor?, ¿Es la vida que tú deseas o la de algún otro?, ¿quién decide por ti?

Arregla tus problemas: busca soluciones. Quejarse es peligroso, uno puede concentrarse en una sola perspectiva a la vez y mientras te estás quejando no estás buscando soluciones.

Escucha a los que saben más que tú

para evitar errores innecesarios, pero sobre todo escucha a tu propio instinto que es lo más valioso.

Pero no escuches a:
- Los que critican a los demás.
- Los rumores de oficina.
- A quien te desvalorice.
- Tus críticas sobre ti mismo.

### El mundo esta cambiando

La educación, la política y las finanzas no están completamente adaptadas a las exigencias de esta nueva evolución. Digamos que la tecnología y la sociedad van cambiando más rápidamente que ellos.

Mientras tanto cada uno de nosotros puede prepararse individualmente para vivir de acorde con las exigencias de esta nueva era.

Tenemos que ser más optimistas: si no imaginamos un mundo mejor lo estamos condenando a ser un mundo horrible y sin esperanza, es por ello que debemos permitirnos ser más ambiciosos en todo lo bueno y proclamar que esto podría ser un lugar mejor en vez de decir todo el tiempo lo terrible que es todo.

La vida que vivimos es una elección y podemos tratar de mejorarla a través de pequeñas acciones que nos permitan avanzar en lugar de estar quejándonos continuamente del status quo.

El cinismo es la enfermedad principal de nuestra sociedad y el único antídoto posible para vencerlo es el optimismo inteligente.

Ante un problema o necesidad, cuantas veces has oído decir: "no es posible", "no es realista" o "no se puede hacer", pero si le preguntas a las personas que tienen una visión optimista sobre el tema te responderán: "podemos empezar con tal y tal acción", "se podría mejorar la situación si...", etc. Y estas son personas que están comprometidas con una visión o proyecto superior, algo que más grande que ellos mismos.

Las viejas ideologías políticas están muertas

El modelo de un mundo dividido entre izquierdas y derechas ya no sirve, lo que en su momento sirvió para lanzar grandes revoluciones hoy se queda obsoleto.

La ideología política no busca la solución, más bien se niega a ver la evidencia.

Si dos políticos, uno de izquierdas y otro de derechas, tuvieran que construir un avión, ¿en que pensarían?

Seguramente en como afectaría su reputación y en el voto, y al ver a su oponente pensaría en que como es de una ideología contraria trataría de bloquearlo.

Un científico pensaría en la mejor manera de hacer el proyecto en base a las evidencias que tiene, y al encontrarse con otro científico le diría: tengo un problema, podrías ayudarme a encontrar la solución.

Somos lo que hacemos

Al cerebro le cuesta empezar una cosa y ponerse manos a la obra. La procrastinación (del inglés procrastination) es la resistencia a actuar ahora dejando las cosas para más tarde.

Ya conoces la historia del vaso de agua por la mitad: el optimista lo ve medio lleno, el pesimista lo ve medio vacío. Y yo añadiría que el optimista inteligente viene y se lo bebe; en realidad es el único que actúa.

Procrastinar es una tendencia que nos impide progresar y hacer lo que en realidad queremos hacer, pero ¿cómo vencer esta tendencia?

Busca pequeñas compensaciones en las cosas que hagas.

Empieza por una pequeña tarea ya: si tienes que pintar toda la casa concéntrate sólo en lo que harás durante cinco minutos, son esos cinco minutos los que van a vencer la inercia y luego querrás continuar para verlo terminar.

Confía en el proceso

Y utiliza el fracaso como una estrategia para mejorar.

Estamos acostumbrados a querer resultados 100% buenos de forma inmediata y muchos tiran la toalla cuando se ven frente a un sólo error. En realidad se le llama error a cualquier reacción de retorno, y es de ese retorno de donde tenemos que aprender para progresar.

Si estás presentando un proyecto nuevo y tuviste 10 reuniones, de las que 3 te salieron bien y 7 mal, estás en el buen camino, digamos que ganaste 3 asaltos del combate pero aún sigues en el ring y puedes dar KO, así que observa y corrige lo necesario en tu presentación para obtener mejores resultados la próxima vez.

# PARTE III: La Creatividad

## 12 QUÉ ES LA CREATIVIDAD

**La** creatividad es la capacidad de encontrar soluciones originales a problemas cotidianos.

Fíjate que he dicho soluciones originales, no soluciones complicadas o que requieran un alto grado de conocimiento.

La creatividad va más allá del plano de las ideas abstractas aportando las herramientas necesarias para que se materialicen en el plano real, o sea que no solamente sueña los sueños sino que también los hace realidad.

A veces se confunde la creatividad con la genialidad o con las grandes manifestaciones artísticas y por ello puede que pensemos que la creatividad es para otros, puesto que con el tiempo tendemos a reprimir nuestro impulso creativo, consciente o inconscientemente, como medida para adaptarnos al resto de la sociedad.

Pero de pequeños somos un torrente de creatividad, la necesitamos para ir descubriendo el mundo y movernos en el. Un niño aprende jugando y necesita un ambiente apropiado para desarrollarse así como nosotros necesitamos un ambiente constructivo para poder crear.

De hecho todos somos creadores y la creatividad es nuestro estado natural, pero las escuelas, las empresas y la sociedad han intentado que todos seamos parte de ese grupo homogéneo al que yo llamo la "raza robótica".

Nos enseñan primero a quedarnos sentados durante horas en la escuela callados sin poder cuestionar le enseñanza que recibimos, o en las empresas en donde tienen el reto de dirigir a la gente y les interesa menos la gente creativa o "diferente" porque es más difícil de manejar.

Por ello es posible que te estés preguntado cómo potenciar la creatividad. Yo diría que en principio tenemos que ver que tenemos muchísimas oportunidades de experimentar con nuestra creatividad en el trabajo, en casa o en cualquier otro momento, simplemente cambiando el enfoque que tenemos puesto en la rutina hacia posibilidades diferentes, haciendo cosas nuevas y tratando de ver como automatizar los procesos rutinarios para poder dedicarnos libremente al proceso creativo.

Aparte de esto existen técnicas y entrenamiento para fomentar el pensamiento divergente y aquí te propongo un ejercicio muy sencillo: toma un clip en la mano y dime, ¿cuántas funciones diferentes podrías imaginar para este clip aparte de para sujetar papeles?

He aquí algunas respuestas:

Tomar otros clips y fabricarse un collar original.

Engancharlo en una cremallera para repararla cuando el tirador se ha roto.

Hacer letras metálicas.

Abrirlo hasta que haga como una S y convertirlo en un gancho.

Atar una cuerda a ese gancho y luego atarla a una vara para improvisar una pequeña caña de pescar de juguete.

Usarlo para sujetar un cuadro que no pese mucho.

En fin, estoy segura que de pequeño has jugado con los clips y que has inventado muchas cosas ya.

La cuestión es liberar la imaginación que hasta ahora ha estado un poco atrofiada, tenemos que acostumbrarnos a imaginar más.

Decía Picasso que le había costado toda su vida aprender a pintar como un niño. Bueno, él ya sabía pintar de todas las maneras, se trataba más bien de imaginar como un niño. Así que podríamos decir simplemente que:

**Creatividad = Imaginación + Manifestación**

Cuando tengas una idea, aunque sea la menor idea que se te pase por la cabeza, escríbela: es una manera de hacerla llegar al mundo real, digamos que "nace" y que no se queda ahí en el terreno de la mente.

### La asociación de ideas

El cerebro humano trabaja en red y es capaz de procesar varias ideas distintas al mismo tiempo. En principio van brotando algunas ideas clave, en ese momento mismo toma un papel en blanco sin rayas y un lápiz, y ve anotando estas palabras clave, es más, te aconsejo llevar siempre encima papel y lápiz y tenerlo también sobre la mesita de noche.

La idea del lápiz es para poder borrar más tarde y transformar.

Muchas de las grandes creaciones que conocemos hoy no son invenciones, sino asociaciones originales de ideas que ya existen.

Veamos un ejemplo claro sobre una idea de marketing que alguien tuvo hace poco en Estados Unidos:

**Situación:**
Necesitas ropa según tu estilo y de tu talla.

No tienes tiempo para salir de compras, elegir lo que te gusta, probártelo, recorrer tiendas, etc...

**Solución:**
Crear una tienda on line, con un coach que atiende a las llamadas telefónicas.

El cliente llama y explica sus gustos, color, talla y da sus medidas.

El coach prepara un baúl lleno con la ropa adecuada y la empresa te lo envía a casa.

Cuando recibes el baúl te pruebas la ropa y te quedas con lo que te guste.

Devuelves el baúl y solo pagas la ropa que te quedaste.

La empresa paga los gastos de transporte.

Y tú te has vestido como a ti te gusta sin salir de casa.

¡Fantástica asociación de ideas!

La organización de ideas: el mapa mental

Un libro podría ser un texto escrito de principio a fin sin puntuaciones, sin capítulos, sin párrafos, números de página o cualquier otro tipo de formato y es muy posible que existan libros así, pero que lógicamente serán muy difíciles de leer y de recordar.

Alguien pensó alguna vez en cómo organizar todo el contenido de un libro y es algo que nos resulta tan simple de asimilar porque se parece a la manera en que funciona nuestra mente, veamos:

**El propósito:** que seria el título del libro.
**Las ideas principales:** que serían los títulos de los capítulos.
**Las ideas secundarias:** que serían los subtítulos dentro de los capítulos.

Estas tres categorías están enlazadas entre si como en una red: el propósito, o título del libro, es la idea general que engloba a todas las otras, los capítulos son las ideas clave que enlazan hacia la idea principal y los subtítulos serian la tercera categoría que enlaza con su capítulo correspondiente.

Pero un subtítulo de un capítulo no enlaza directamente con el título principal del libro, es como una red jerárquica ordenada.

Con estas tres categorías podríamos plasmar básicamente muchísimas cosas, por ejemplo: un sitio Web, el organigrama de una empresa, una idea de negocio, una novela, una persona y hasta un viaje de vacaciones.

Existe una manera gráfica muy simple de representar todo esto y se llama mapas mentales, en donde la idea principal esta en el centro y luego las categorías se van uniendo a ella en forma de ramas, cada rama lleva escrita una palabra clave que la define y todas empiezan a partir de la idea principal.

Es un diagrama que se parece un poco a un árbol genealógico inventado por un científico llamado Tony Buzan, que buscaba una forma de poner en marcha todo el potencial de nuestra mente empleando la misma manera de funcionar y percibir que tiene el propio cerebro.

Se utilizan colores o símbolos, o pueden ser pequeños dibujos que describen estas ideas o asociaciones de ideas y se ponen las palabras clave en las ramas.

Algunos elementos importantes de un mapa mental son:

- **Enfoque:** todo mapa tiene que tener un sólo centro, aunque te vayas por las ramas todo tiene que tener conexión con un propósito único.
- **Palabras clave:** que son una o dos palabras que describen conceptos importantes de forma genérica.
- **Memoria visual:** todo lo que tiene representación gráfica es mucho más fácil de resolver y de recordar por lo que se aconseja añadir dibujos simples y colores.
- **Asociación:** para representar la relación entre las ideas y cada una de estas ideas podría ser el centro de un nuevo mapa.
- **Percepción multidireccional y perspectiva global:** que tiene nuestro cerebro para procesar varias acciones de forma simultánea y no de manera lineal.

Los mapas mentales son una herramienta poderosa para desarrollar la creatividad, recordar gran cantidad de información o explicar ideas complejas. El hecho de que tengas que estar ahí escribiendo y dibujando el mapa, ya es un acto creativo en sí y todo está conectado como en una red. Es mucho más emocionante trabajar así porque puedes descubrir conexiones nuevas, en cambio trabajar de forma lineal resulta mucho más aburrido y te aporta sólo una visión limitada del conjunto.

Así que la próxima lista de cosas que hacer, el famoso "to do" (cosas que hacer en inglés) podría ser un bonito mapa mental, o la próxima presentación, o el libro que estas leyendo, en fin, se pueden representar todos los aspectos de la vida.

## 13 EL DERECHO AL ERROR

El error es necesario para avanzar y aprender

El derecho al error o el derecho a equivocarse desaparece de nuestras costumbres junto con la capacidad de crear, pues la sociedad moderna castiga el error. Las exigencias de nuestro mundo nos demandan que seamos perfectos y que no nos equivoquemos nunca.

Mira por ejemplo la empleada de caja de un supermercado, seguramente la evaluarán por las veces que se equivoca y las veces que llama a la encargada para anular una operación: no tiene derecho al error.

En una empresa los puestos realmente creativos son más y más minoritarios, el resto de trabajadores están bajo un control mayor, un control que les quita el derecho al error.

Un error es una información necesaria para continuar

Es lo mejor de la idea de trabajar en un proyecto propio: estás en tu propio espacio de libertad creativa, en plena experimentación en donde tienes todo por ganar.

Si te equivocas, rectifica y continúa aunque tengas que comenzar todo el proceso de nuevo. Estas aprendiendo.

Esta experiencia única que trae tanta riqueza interior es el momento sublime del acto creativo.

Recuerdo la primera vez que gane mis primeros 10 dólares por Internet, ¡me parecían millones! Y simplemente porque era el justo retorno al valor de mi creación, algo que había hecho yo de mi propia inventiva, sin jefes, sin supervisión y sin más control que mi propia exigencia.

Al fin estaba creando mi propia página Web después de haber creado tantas y tantas otras para las empresas en que trabajé. Y esa cantidad pequeñita representaba que tenía el potencial de ganar mucho más por mi misma, si había ganado 10, podía ganar 50, 100 y 1000 y mucho más.

### Recuperar el derecho a la experimentación

Todos los grandes programadores informáticos aprenden de la misma manera: codifican algo y ven lo que hace la computadora. Si sale un error cambian el código y ven de nuevo lo que hace la computadora. Se repite el proceso una y otra vez hasta que averiguan cómo funciona.

No les despiden porque su código no se ejecuta bien y se les dan las oportunidades necesarias para hacerlo de nuevo, se considera algo normal.

Todo es cuestión de explorar y tratar de ver que es lo que funciona.

Si has fallado más veces de las que has tenido éxito significa que estás en el juego de seguir equivocándote para que más tarde o más temprano tengas éxito.

Digámoslo así: si me equivoco más que tú entonces gano, porque tengo más posibilidades de acertar.

Los perdedores no fallan nunca.

Los perdedores no lo intentan nunca.

Los perdedores han elegido ser perdedores.

Y los perdedores son «ganadores» en su propio ámbito puesto que han querido ser así y conformarse. Lo más desagradable es que suelen ser los primeros que critican a los demás para encontrar excusas de por qué no lo hacen ellos. Prepárate a recibir críticas en cuanto saques la cabeza un poco para arriba. Y es normal, toma de la crítica la parte constructiva que te interesa y anota todo lo que debes mejorar, piensa que en realidad te están haciendo un favor. El resto déjalo pasar. Es señal de que estás en el buen camino.

### Los errores de Hemingway

Hace poco publicaron una nueva reedición de la novela de Hemingway "Adiós a las armas" que contiene los 47 finales alternativos que el autor escribió antes de quedar satisfecho, los borradores de la novela y una lista de títulos que había imaginado para su obra antes de elegir el que fuera el definitivo.

Hemingway reconoció en una entrevista que había llegado a escribir hasta 39 finales distintos para la novela, pero en realidad había escrito algunos más: 47. Cuando le preguntaron cuál era la dificultad que tenía para escribir un buen final, respondió simplemente: "Conseguir las palabras correctas."

Por los manuscritos de Hemingway se ve que escribía a lápiz para tener la oportunidad de hacer correcciones y mejorar el texto antes de pasarlo todo a la máquina en donde escribía con líneas a doble espacio para hacer una prueba de lectura después, o sea, otra corrección.

Sus textos estaban llenos de tachaduras y frases alternativas, al parecer no usaba goma de borrar, pues posiblemente necesitaba ver los errores para progresar.

Según la Wikipedia esto es el derecho al error:

*"El derecho al error es una norma*

*pedagógica que acepta el error. Se podría definir como el hecho de que todo hombre o mujer de buena fe, deseoso de aprender o experimentar no debe de ser sistemáticamente sancionado por los errores que comete en los actos que emprende con esta intención."*

Y así el derecho al error apunta a liberarse del sentimiento de culpabilidad que puede llegar a ser paralizante, niega la utopía del perfeccionismo que implica que todos actuaríamos espontáneamente de manera perfecta y desaloja la presión excesiva a la que nos somete la sociedad en virtud de la productividad.

## 14 LA CREATIVIDAD: CONVIRTIENDO TUS SUEÑOS EN REALIDAD

¿Cuál es tu mayor deseo en la vida? ¿Qué quieres tener ahora que hará que tu vida sea más plena, que tenga más sentido, que seas más feliz?

Por ejemplo, una de estas cosas:
- Vivir en otra cuidad.
- Trabajar en lo que te gusta.
- Tener libertad y tomar tus propias decisiones.
- Conseguir más dinero.
- Tener amigos.
- Encontrar el amor.
- Desarrollar un talento artístico.
- Viajar.
- Liberarte de las deudas.
- Perder peso.
- Sentirte más bella, o más bello.
- Aprender idiomas.

- Bailar.
- Tener más tiempo para un hobby.
- Vivir en una casa mejor.
- Tener una moto.
- Hablar en público.

Elige sólo una cosa, la que sea, pero sólo una, y ahora pregúntate: ¿qué sería aun mejor que esto? Y es porque ejercer el pensamiento ilimitado es lo que aumenta tu creatividad. Expande tus posibilidades, atrae hacia ti todas las oportunidades y permítete tener aun más. Y ahora piensa en cual sería el próximo paso a dar hacia tu objetivo, la cosa más sencilla que esté a tu alcance inmediato, seguro que lo puedes hacer.

El pensamiento ilimitado es más que pensar en grande, es pensar creativemente, porque explora vías inesperadas y descubre conexiones nuevas. Te permite experimentar el sentimiento de lo que deseas crear antes de haberlo manifesttado.

Y es esta anticipación la que atrae la nueva realidad en tu vida.

## El hombre que quería ganar un millón de dólares

Esta es una historia sobre un hombre que quería conseguir un millón de dólares en quince años. Su plan era retirarse y vivir una vida tranquila para hacer las cosas que en realidad le gustaba hacer.

Para ello comenzó a trabajar todas las horas extra que podía y a ahorrar dinero, había hecho algunas inversiones con más o menos éxito y tenía una pequeña suma de dinero para la jubilación. Pero años después de seguir su plan, tenía casi el mismo dinero que al principio y encima con más obligaciones que nunca.

Un día decidió enfocar la situación de otra manera: pensó en encontrar el tiempo para hacer las cosas que tanto le gustaban antes de tener el millón, porque le parecía que si tenía que esperar a que el dinero llegase, nunca iba a vivir la vida que él deseaba.

Pero cada vez que trataba de relajarse y disfrutar pensaba en todas las obligaciones que se había impuesto y esto le impedía hacer aquellas actividades que tanto quería. Se dio cuenta de que en realidad le faltaba respeto por si mismo porque no se daba el permiso para pasar el tiempo solamente en aquellos hobbies que le daban tanta alegría.

Así que decidió volver a tocar aquel instrumento de música que tanto le encantaba cuando era más joven. Y estando así, solo, le pasaron por la cabeza melodías y letras de canciones magnificas que fue grabando poco a poco.

Estaba siendo fiel a su auténtica vocación y así, desarrollando su creatividad, se fueron abriendo puertas en nuevas áreas de su vida. Le ofrecieron un ascenso y un nuevo empleo en donde ganaba mucho más dinero y por supuesto aceptó.

Con el tiempo se puso en contacto con varias productoras de películas y les vendió su música. Ahora tenía mucha más abundancia de la que jamás había imaginado y también el trabajo que realmente le gustaba y una vida más plena en donde podía desarrollar todo su talento y su potencial creativo.

¿Qué piensas de esta historia?

Yo creo que el halló la mina de oro de

su creatividad siendo fiel a sí mismo y que seguramente tuvo algunos momentos más difíciles estando en la "transición" entre los dos mundos: su trabajo creativo y su trabajo rutinario.

Pero al final triunfó sobre todos los obstáculos porque estaba en la buena vía, en cambio la obsesión del millón de dólares estaba acabando con el.

Una idea importante es la de empezar a actuar antes de tener todos los elementos ideales a tu alcance.

Hace poco estuve viendo un documental sobre la vida de Picasso. Cuando llegó a París no tenía dinero para comer ni para la calefacción. Iba por los restaurantes de Montmartre a cambiar dibujos por platos de comida.

Pero él fue fiel a su potencial creativo y siguió trabajando y pintando hasta que el cubismo se convirtió en el gran éxito comercial que le dio tanta fama y riqueza.

La cuestión es que no se detuvo, no esperó a tener esto o aquello, o una cierta cantidad de dinero para seguir pintando. Fue precisamente Pablo Picasso quien dijo:

"Cuando llegue la inspiración que me encuentre trabajando."

Por ello tenemos que manifestar nuestra capacidad creativa en el mismo momento en que llega, o si no la voz se calla.

Si no puedes dedicarle el tiempo necesario en ese mismo momento a una idea creativa, toma un lápiz y anota las ideas básicas para que las puedas desarrollar más tarde.

Y aunque la creatividad se suele relacionar con el arte no es realmente así. Cualquier idea nueva es creatividad, ya sea en los negocios, las finanzas, en un bar, en tu hogar o en cualquier momento. Se trata de ejercitar el pensamiento ilimitado, de probar nuevas formas y de contemplar todas las posibilidades.

La creatividad no es sólo inventar cosas nuevas, sino asociar ideas existentes de una manera que nadie haya hecho antes.

## 15 EL PENSAMIENTO NEGATIVO DE LOS DEMÁS

Los pescadores de cangrejos saben muy bien que para que los cangrejos vivos no se escapen del cubo no se les puede dejar solos. Si el cangrejo está solo trepará y escapará del cubo hacia la mar.

Así que el pescador pone varios cangrejos juntos y cuando uno quiere trepar y salir, los otros empiezan a tirar de él para abajo y se lo impiden.

Y así es muchas veces con los demás, a veces incluso nuestros seres queridos que actúan como un lastre sobre nuestras iniciativas, y esto no es forzosamente por falta de amor.

Por tanto aíslate, como el cangrejo solo, y trepa.

Impermeabiliza tu mente de todo comentario negativo y salta y escapa hacia la mar.

Existen dos tipos de ámbito de pensamiento negativo en los demás:

- El de las personas cercanas a ti.
- El pensamiento negativo de las masas.

## El pensamiento negativo de las personas cercanas a ti

Por ejemplo, puede que tengas una buena salud financiera y que el estado de tus cuentas te permite disponer del dinero necesario cuando tú quieres para un proyecto o deseo que quieras hacer, esto te da seguridad y confianza porque sabes que manejas bien la energía del dinero.

Pero un día te encuentras con un amigo que tiene problemas de dinero y que te habla en términos de escasez y te dice todo el tiempo:

—"No tengo dinero para esto, me hace falta dinero para lo otro".

—"Mi hijo no puede ir a la escuela de natación porque no puedo pagar las cuotas..." Y entonces tú comienzas a preocuparte por tu futuro financiero.

En este preciso instante tienes que identificar la situación: es un pensamiento de otro que se te esta subiendo a la chepa y recuérdate a ti mismo que tu realidad es otra, que tú has sabido manejar la energía del dinero y que te consideras un ser próspero.

El pensamiento negativo de las masas

También las masas generan un tipo de pensamiento muy poderoso que puede afectar a tu estado de ánimo. En estos tiempos en que muchos están preocupados por la economía, los medios de comunicación se encargan de fomentar y amplificar esta especie de pánico colectivo hacia la crisis y la recesión.

No se trata de que tengamos que ignorar esta información, pero tampoco es necesario alimentarse de ella, de todo ese drama que nos pasan por la televisión en forma de culebrón. Parece que el objetivo es desanimar a la gente, deprimirles y finalmente desesperarles, mientras nos están ocultando los datos que son verdaderamente importantes.

Algunos caen en la trampa de la cólera y gastan una preciosa energía en protestar inútilmente, cuando podrían estar actuando en lo que realmente les interesa.

Piénsalo fríamente: ¿qué produce toda esta información en ti?

Te da un sentimiento de incapacidad, de que no hay esperanza y sólo esperas el día en que una nave extraterrestre venga a rescatarte para llevarte a un planeta mejor. O peor, esperas a que venga la tercera guerra mundial en la que todos desapareceremos de un petardazo y ya está.

Todo esto hace de ti un ser perfectamente pasivo.

Pero hay gente que esta enfocando su atención en otra cosa y toman los tiempos más difíciles como una fantástica oportunidad. En todas partes encontrarás gente que te diga que la economía es un desastre y habrá otros que te dirán que están en el mejor momento. Tu reto consiste en mantener tu propio pensamiento positivo en cuanto a tu futuro financiero sin que te importe el estado de la economía o cualquier otra condición externa.

## 16 ANTICIPAR: CÓMO MANIFESTAR LO MEJOR PARA TU VIDA

Se suele relacionar la creatividad con el plano de lo abstracto, con una especie de sentimiento de éxtasis extraordinario y sublime que solamente los genios pueden experimentar.

Pero realmente no hay diferencia entre esos genios y nosotros porque hay muchos tipos de creatividad. Cuando hablamos de Mozart, Picasso y Leonardo les vemos como seres privilegiados que tenían un talento innato difícilmente alcanzable por los demás. Es como si les considerásemos de otra raza, una especie de salto evolutivo de los humanos hacia una raza superior, o que se yo.

Yo creo sinceramente que todos somos iguales en cuanto a oportunidades y únicos en cuanto a nuestra esencia.

Somos seres extraordinarios todos y tenemos un talento y una contribución que aportar a nuestra humanidad.

Hemos venido a este bello mundo para manifestar lo mejor de nosotros mismos, para plasmarlo y compartirlo con todos. Para impactar al mundo con tu parte de creatividad no necesitas ser un genio. Todos somos genios ya.

Veamos: para escribir un libro no hace falta ser Ernest Hemingway, pero sí hace falta darse la oportunidad trabajando en el como lo hacia Hemingway. Su biografía dice que se levantaba todos los días muy temprano y que a las siete de la mañana estaba delante de su máquina de escribir. Decía que primero era escribir y después venia el resto de cosas: nadar, jugar, divertirse o hacer trámites.

Picasso decía lo mismo: que primero era pintar y el resto del día para las otras cosas.

Tampoco Mozart esperaba a que llegase la inspiración para escribir música y por ello en su corta vida escribió tantas obras musicales.

Otro aspecto en común de todos ellos

es que tenían la formación necesaria para explayar el talento creativo en sus dominios favoritos.

También tenían en común el hecho de que daban lo mejor de si mismos.

Resumiendo: se estaban dando todas las oportunidades necesarias para triunfar.

### Atraer el efecto para obtener la causa

Supongamos que buscas el amor y que has tenido en tu vida algunas experiencias desastrosas: tu amante te engañaba, o te abandonaron, o no te daban el respeto y la atención suficientes.

Es posible que hayas vivido mucho dolor, porque nuestra alma y nuestro cuerpo reclaman nuestra parte de felicidad en esta tierra y muchos creíamos que teníamos que pagar con algo esta inmensa bendición.

Pero, ¿cómo te sentías justo antes de encontrar a estas personas que pasaron egoístamente por tu vida? Por favor, reflexiona y trata de examinar cual era tu actitud antes de vivir esas relaciones si las tuviste.

¿Tenías "hambre" de amor, te apegabas y te obsesionabas con la persona y luego al más mínimo fallo o falta de atención estabas lleno de dudas y de preocupaciones?

Es muy probable que estuvieras centrando tu bienestar en la actitud y el comportamiento de la otra persona, a quien le dabas un poder que no le pertenecía, renunciando así a tu poder propio.

Y ¿cuál es el fondo de esta actitud? Puede que en lo más profundo de ti pensabas que no merecías verdadero amor y en tu alma llevabas escrita la frase: "soy un mendigo de amor".

Recibir sólo limosnas hará que sólo seas pobre toda tu vida.

Y puede que pensaras que para recibir amor tenías que dar algo a cambio, aunque fuera el sufrimiento.

¿Y si decidieras ser rico la próxima vez? Podrías enfocar la situación de una manera totalmente diferente, si cuando te centrabas en tu "hambre" sólo recibías limosnas, ¿qué recibirás cuando te centres en la plenitud?

Imagínate a ti mismo como el ser más amado de la tierra, tu corazón esta lleno, no le pongas rostro al ser que te ama y céntrate en el sentimiento solamente.

A partir de ahora escucharás tu nombre en la boca de la persona que te ama todos los días de tu vida entera, alguien que es leal a ti sin condiciones, que te ama como eres y por ser quien eres. Alguien que está perfectamente unido a ti y es fuerte e independiente al mismo tiempo.

Piensa en el efecto que tendrá en ti el sentirte amado así y vive este efecto ahora, sin esperar señales, ni a que venga la persona de tu vida.

Mucha gente se pregunta si van a encontrar a la persona adecuada, sus almas gemelas o su media naranja.

Y muchos de los grandes negocios de este mundo están centrando en el tema de encontrar a la pareja ideal.

Yo les respondería: no vayas a buscar a la pareja ideal, al menos no antes de haberte hecho esta otra pregunta: ¿estás atrayendo a la persona adecuada?

Para atraer a la persona adecuada tienes que ser la persona adecuada tú mismo.

Cuanto más fuerte sientas esto dentro de ti y más profundamente creas esto, más rápidamente llegara a ti.

Se trata de atraer el efecto para obtener la causa. En lugar de concentrarte en la necesidad, enfoca más en la satisfacción.

Sin embargo no hay que confundir esto con un autoengaño, no se trata de ilusiones que no llevan a nada, es un sentimiento genuino y profundo el que tiene que estar en ti. Sentimiento, no ideas solamente.

Hay un proverbio antiguo que dice: "El hombre que tiene amigos, ha de mostrarse amigo; y hay un amigo más unido que un hermano."

Fíjate en la primera frase: "El hombre que tiene amigos, ha de mostrarse amigo."

Y ahora ponla al revés:

"Ha de mostrarse amigo, el hombre que tiene amigos."

O sea, para tener amigos tienes que

ser tu mismo un amigo y serlo de verdad.

Amplifica lo bueno

Trata a tu subconsciente como si fuese un niño pequeño. Cada vez que le das las gracias a un niño, o le animas porque ha hecho algo bien. ¿Te has fijado en cómo reacciona? Te mira con el rostro brillante y en seguida está dispuesto a hacer mucho más por ti. En cambio si le dices: "Podrías haberlo hecho mejor", enseguida el niño se encierra en si mismo y se desanima. Pues así es tu subconsciente: perderá confianza como un niño cuando le critican. En cambio una actitud de agradecimiento interior, hacia tí mismo, elevará toda tu vida. La gratitud expresa tu capacidad de crear.

Hay dos ejercicios muy, muy poderosos que puedes practicar: uno de palabra y otro de pensamiento.

El de palabra consiste en "rellenar los huecos" de la historia como te gustaría que hubiese sucedido, aunque ésta no se haya terminado aún, y expresarla en voz alta. Sea cual sea la situación, antes, durante, o después; exprésalo en voz alta. Por ejemplo di: "¡Ah! Fue una reunión fantástica." o, "estamos construyendo el edificio más maravilloso de toda la ciudad, ¡es un éxito seguro!", o "¡Ah! esta persona tan maravillosa es amiga mía", o simplemente: "lo vamos a conseguir". Puede que no tengas todo esto en el momento en que lo estás diciendo, pero se trata sencillamente de decir en voz alta cómo deseas que sea. Esto es expresar tu intención de manera que todos lo oigan, incluído tu mismo.

El otro ejercicio, el de pensamiento, es también un ejercicio de amplificación igualmente poderoso. Cada vez que recibas o experimentes algo de lo que deseas, aunque sea de manera insignificante, detente por un momento y permite que la alegría de tenerlo crezca. Siente la satisfacción en tu cuerpo, en tus emociones y en tu mente. Permite que esta energía se engrandezca como una espiral de emoción que va más allá de tu cuerpo y llévala hasta donde tú quieras. Esto hará que te vuelvas magnético a más y más y más cosas buenas. Lo bueno de este ejercicio es que funciona aunque aún no se haya recibido ni experimentado nada, y es porque el subconsciente no conoce la diferencia entre lo imaginado y la realidad, sólo percibe y refleja lo que tú sientes.

Cuando lo que deseas comienza a manifestarse, entonces siente y expresa gratitud. Hazlo cada día.

## 17 EL ARTE ES VER

Cuando Picasso visita una exposición de máscaras de África en el museo etnográfico de París, reconoce inmediatamente que lo que tenía delante de sus ojos era arte de gran valor, lo que para otros pudiera tener relación con la antropología o la curiosidad por la cultura de otro continente, para él tenía todo el sentido de una obra de arte, un estilo original que podía transformarse en una pintura que iba a impactar al público.

Este fue el detonante de una gran inspiración y en 1907 pintó el cuadro las señoritas de Avignon. Si os fijáis en los rostros, tienen rasgos que nos recuerdan a estas máscaras de África, está claro que esta fue una de las motivaciones del artista.

A simple vista podría parecer que Picasso pintó el cuadro en una tarde, o a lo más, en un par de días, pero realmente fue una idea que estuvo madurando mucho tiempo. Dibujó más o menos unos cien bocetos y fue transformando el cuadro mismo hasta llegar a la versión final.

Esta obra de arte se considera uno de los pilares del arte moderno, la pintura abstracta tan revolucionaria, porque representaba una liberación de los cánones clásicos: ahora ya puedes pintar lo que ves como tú lo ves, sin más, con todo el derecho a transformarlo.

Y él había visto a cinco prostitutas en un burdel de la calle Avignon de Barcelona y después las máscaras de la exposición, más su inspiración: los tres ingredientes que dieron el resultado de la gran composición final.

Y aunque estoy tomando la pintura como ejemplo para hablar del arte, el arte es mucho más, es cualquier manifestación creativa que salga de ti, de tu visión, de tu inspiración y de tu pasión. Algo que comunica con la pasión de quien lo está contemplando. Algo que sale de fuera de las aceptaciones conformistas, o del marketing. Lo estas creando porque viene de ti, porque sientes que tiene gran valor, porque deseas comunicarlo.

Si vas por Montmartre, el barrio donde Picasso comenzó, puedes encontrar pinturas al óleo por muy poco dinero, son cuadros hechos en China y que cuestan cinco euros. Hace poco leí un artículo sobre uno de estos pintores chinos que había pintado el solo más de 30.000 escenas de París copiando fotos. Paradójicamente, el nunca había estado en París aunque manifestaba un gran deseo de visitar la ciudad.

Esto no es arte, esto es producción industrial, muy loable para ganarse el pan, lógicamente, pero cuando creas no estás pensando en el dinero que vas a ganar, estás conectando con una parte sublime de ti que sabe que tiene impacto, esencia y volumen.

El manifiesto de los artistas

- Todos somos artistas.
- El arte es una actitud que está íntimamente conectada con la crea-

tividad.
- El arte tiene que ser personal, tiene que sorprender, inspirar, molestar, comunicar, crear o devastar, pero no dejar indiferente.
- Si eres capaz de vivir tu vida sin seguir el modo de empleo y de volar y de contemplar el mundo como lo que realmente es: un lugar lleno de grandes oportunidades.
- Si no escuchas a los que te dicen que no debes perseguir sueños.
- La inteligencia no es suficiente para triunfar en el mundo de hoy, se necesitan ideas creativas para avanzar.
- Esta es la única zona de seguridad que existe.
- Las ideas no son suficientes, también hace falta la entrega.
- El arte es generosidad y nace de la generosidad y solo se puede vender un reflejo de él.
- Todos somos creadores de nuestra vida, según nuestras creencias y nuestros valores.

## 18 EL VERDADERO PODER PERSONAL

Hay una sola manera de ganar poder personal y es enfocar tu poder en lo que realmente te interesa sin malgastarlo en excusas.

No existe ningún requisito previo para enfocar tu poder en conseguir lo que deseas, sólo salir del bloqueo y dejar de alimentar lo que no quieres.

Todos tenemos más o menos miedo a la hora de aceptar una realidad en donde las cosas que deseamos comienzan a manifestarse rápidamente, porque esto implica más responsabilidad y probablemente algún riesgo y sobre todo cambios.

Es el temor lo que hace que las cosas que queremos manifestar se retarden, porque pensamos que no estamos preparados o porque creamos un evento "excusa" al que entregamos completamente nuestro poder.

Así que, cuando vayas a lanzarte en algo, trata de identificar primero de donde vienen esos miedos para poderlos transformar.

Supongamos que tu deseo es crear un negocio propio, ¿como te sentirías si te anunciaran mañana mismo que te dan la financiación para montarlo?

Puede que te asuste que los clientes no te paguen, que el negocio no funcione y que no puedas pagar las cuentas tú.

—Veamos, ¿qué es lo peor que podría pasar?

—Que los acreedores me acosen para que pague lo que debo y que pierda mi casa.

—Y además de eso, ¿qué seria lo peor que podría pasar?

—Que mis hijos y yo nos viésemos en la calle, que no tuviésemos que comer y nos muriésemos de hambre.

—Y, ¿qué seria aun peor? pues que yo deseara haberme muerto.

Pero ¿ves? es totalmente irreal que te mueras de hambre con tus hijos en la calle, siempre estarán tu familia, las instituciones, o que se yo, para ayudar. En realidad este miedo es totalmente ilusorio y no tiene ninguna base real. Si lo analizas serenamente verás que son situaciones imaginarias y que cualquier tipo de problema o dificultad que se presente, tu vas a poderla manejar.

Hay emprendedores que comenzaron negocios que no funcionaron y no por ello tuvieron que perder su casa. En todo caso perdieron dinero, pero ganaron en una experiencia que se puede transformar en dinero más tarde.

La mayoría de las cosas que tememos nunca suceden, pero por favor, no hay que confundir, esto no quiere decir que haya que lanzarse a las cosas imprudentemente y sin planificar, estoy hablando de cómo tratar el miedo de manera inteligente.

Después, en lo práctico, la solución es bastante simple: se trata de tomar acción y dar pasos hacia lo que realmente deseas, en lugar de alimentar las excusas.

Si deseas algo de verdad no existe ninguna condición previa que pueda detenerte, no tiene que suceder nada "antes de", el único obstáculo son tus propias limitaciones.

Trata tus resistencias al cambio como un reto, te será fácil, si no las alimentas.

La única forma de perder el juego es no jugarlo, por ello para triunfar no necesitas ni belleza, ni inteligencia, ni dinero, que son las excusas que nos ponemos con frecuencia para no actuar.

El mundo cambia vertiginosamente, por lo que resulta peligroso permanecer inmóvil y siempre puedes dar un paso hacia lo que realmente deseas, aunque sea un pequeño paso.

Lo más importante de todo lo que he escrito hasta ahora es que des ese pequeño paso hoy.

Supongamos que tu meta es vivir en otra ciudad, ¿qué podrías hacer hoy para conseguirlo? Comienza a planificar un sistema de ahorro, fija una cantidad de dinero que puedes poner aparte hoy mismo, no necesitas ser millonario primero, la cuestión es dejar de poner la excusa del dinero delante de ese maravilloso deseo.

Si tienes una meta importante,

reflexiona en un plan para conseguirla y luego síguelo. Si cometes errores, se flexible, corrige lo necesario y cambia para seguir actuando conscientemente. Si tienes éxito, celébralo, aunque sea un éxito pequeño, necesitas esa retroalimentación para avanzar.

Si algo entorpece verdaderamente tu camino aprende a dejarlo ir y no insistas en transformarlo. Arreglar lo que no funciona tampoco es un requisito previo para atraer todo lo bueno que ya viene hacia ti. Es mejor dejarlo ir y comenzar a enfocar inmediatamente en tu nuevo deseo.

Eres un ser único y muy valioso, y sobre todo libre para decidir lo que tiene importancia. Cada uno es responsable de sí mismo, aunque hayan querido persuadirnos de lo contrario, y sólo existen un par de cosas que no podemos eludir en realidad y son: respetar a los demás y tomar la responsabilidad.

Los tres pilares de este libro

Motivación, cambio y creatividad son para mí las tres palabras mágicas que contribuyen a la felicidad y son al menos, la base del equilibrio en el desarrollo pleno de nuestras potencialidades, en la búsqueda incansable de nuestra realización.

**La motivación:** es una actitud que no tiene por qué depender de tu estado de ánimo. Es el impulso que precede al acto, que se engrandece en el momento mismo de realizarlo sin esperar el resultado final. La motivación se puede aprender o provocar, de la misma manera que la sociedad ha moldeado en parte nuestra personalidad, también nosotros podemos crearnos una "piel nueva" a partir de nuestra libertad. La motivación no es lo mismo que la alegría: una persona puede tener un carácter alegre pero no estar motivada.

**El cambio:** el cambio interior es el incentivo de la motivación que nos permite transformarnos para avanzar y progresar hacia nuestro mayor bien y el bien de la humanidad. El cambio es la oportunidad de aprender y explorar lo que está mas allá de nuestros limites para expandir nuestra realidad.

**La creatividad:** venimos a este mundo para crear la realidad que deseamos y de hecho, ya somos todos artistas y creadores de la vida que hemos querido manifestar. Y aunque estamos todos unidos en este mundo, cada uno de nosotros debe de manifestar su propia intención de forma individual. La motivación y realizar los cambios necesarios harán que tengas el entorno adecuado para proyectar la gran obra maestra que es tu vida, como tú la quieras diseñar. Y más que nada y sobre todo, llénala de amor, el resto son ilusiones.

## ACERCA DE LA AUTORA

María Martínez Olivares es una escritora española que vive en Francia.

Comenzó escribiendo poesía hace muchos años en las servilletas de papel de los bares de Sevilla, cuando creó los Poemas Andaluces para luego continuar con más poesía y las novelas.

Ha escrito más de 500 artículos en español y en inglés, colaborando en páginas web tratando diferentes temas como la publicación de libros en Internet, el desarrollo personal y las finanzas.

Su actividad literaria se concentra ahora en la escritura de novelas contemporáneas.

Para obtener más información puedes visitar su blog en: http://maria-martinez-olivares.blogspot.com

## OTROS LIBROS PUBLICADOS

Información de ventas internacional en el blog: http://maria-martinez-olivares.blogspot.com

• **Poemas de Amor** - Selección de poemas romanticos escritos en verso libre.

• **Olive Oil Magic** (en inglés) - Healing and cooking with olive oil. Libro sobre los usos del aceite de oliva para el bienestar y la belleza. Incluye siete recetas de la cocina mediterránea española.

• **Por el Amor al Arte** - Novela romántica y sensual que describe historias de amor en París.

• **El secreto de Leo Williams** – Un joven científico descubre una terapia genética revolucionaria y se enamora de una bella periodista. Pero tendrá que enfrentarse a un compañero envidioso que quiere robarle su éxito y su amor.

www.ingramcontent.com/pod-product-compliance
Lightning Source LLC
Chambersburg PA
CBHW060802050426
42449CB00008B/1495